의심 ✻ 없는 ✻ 마음

의심 없는 마음

김지우
(구르님)

푸른숲

일러두기
· 단행본은 《 》 잡지는 〈 〉로 표기한다.
· 등장인물 중 다른 매체에서 소개된 이들은 본명으로, 그렇지 않은 이들은 별명으로 표기한다.
· 외래어는 외국어 표기법을 따랐으나, 일부는 관례를 따랐다.

프롤로그
내 세상은 조금 느리게 커졌다

열여덟 살 때까지 혼자 밖에 나가 본 적이 없었다. 가벼운 에세이를 여는 문장치고 꽤나 섬찟하게 들릴 것도 같다. 그렇지만 공포 영화나 범죄 다큐멘터리에나 나올 법한 이 한마디는 한때 나의 일상이었고, 지금도 누군가의 일상이다. 여덟 살부터 휠체어를 타고 살아온 나에게 '홀로 외출하기'는 저만치 유예된, 도대체 정체를 알 수 없는 무언가였다. 수동 휠체어 위에서 나는 늘 누군가의 손에 이끌려 움직였다. 몸의 방향을 바꾸는 것처럼 작은 일 하나하나 양해를 구해야 했다. 내가 고등학생이 되던 해에 수동 휠체어에 전동 모터를 달아 움직이는 제품이 개발되었다. 그 모터가 내 휠체어에 닿았을 때를 생생히 기억한다. 전혀 다른 세상과의 첫 조우였다.

누군가에게 요청하지 않고도 어딘가로 갈 수 있다니. 고등학생이 된 나는 막 걸음마를 뗀 아이처럼 오만 곳을 쏘다니기 시작했다. 누군가는 두 살 즈음 시작하는 일을 열일곱이 되어서야 시작했으니 15년이나 손해 본 일일 수도 있겠다. 하지만 오히려 좋았다. 두 살의 나는 기억하지 못할 수많은 **시작**의 감정을 생생하게 느꼈으니까. 처음으로 스스로 물건을 골랐을 때의 기쁨. 모르는 길로 발걸음을 내딛은 순간의 긴장. 그곳에서 만난 예상치 못한 선물 같은 발견들 말이다. 그 순간들 하나하나를 기억한다.

만들어 낸 모든 움직임이 여행이었다. 스무 살, 처음 홀로 지하철을 탔을 때의 심장 박동을 잊지 못한다. 열차 방향을 다섯 번도 넘게 확인했다. 휠체어석이 있는 칸을 찾기 위해 분투했다. 마침내 문이 열렸을 때 다이빙하듯 턱을 넘어 뛰어든 순간이 여전히 생생하다. 문에 바싹 붙어서 들여다본, 빠르게 스쳐 지나가는 터널 벽이 지금도 기억난다. 심장이 철컹대는 지하철 소리보다도 크게 쿵쿵거렸다. 같은 칸에 타고 있었을 회사원을 상상해 본다. 그는 알까, 어쩌면 그에게는 지겨울 그 공간에 아랫입술을 꽉 깨물고 잔뜩 긴장한 채 창밖을 내다보던 여자애가 있었다는 걸.

그 이후 집에 들어가지 않고 떠돌게 된 것은 당연한 이치였을까? 코로나 시기를 지나고 자유롭게 비행기를 타게 되었을 때 어떤 지령이라도 받은 사람처럼 방학마다 여행을 했다. 받아먹을 수 있는 것은 넙죽 받아먹기 위해 돈 들이지 않고도 떠날 기회를 주는 프로그램이란 프로그램마다 전부 지원했다. 기관 탐방 프로그램, 해외 연수 장학금, 미국 국무부 지원 교환 학생. 장애가 있는 나도 성공하는 것을 보여 주겠다, 그런 마음은 없었다. 한 푼만 줍쇼. 준다면 떠나겠습니다. 이 마음에 더 가까웠다.

고등학생 때부터 영상을 만들어 왔기 때문에 해외여행 경험들 역시 모두 기록해 채널에 올려 두었다. 덜컥 떠나 버리는 나를 보고 내가 원래부터 용감한 성정에 가진 자원도 많을 테고 여행 경험도 많지 않을까 추측하는 댓글을 보기도 한다. 떠나겠노라 말하면 막지 않는 부모와 돈을 주는 여러 프로그램에 합격한 운이 있었으니 이 추측을 완전히 부정하지는 않겠다. 하지만 그런 댓글을 볼 때마다 누군가가 밀어 주지 않으면 가만히 있어야 했던 나를 떠올린다. 그때의 내가 때때로 동그란 돌을 닮은 것 같다. 아주 오래오래 당기고 있었던 새총의 돌 말이다. 그러나

탁, 하고 놓쳤을 때 물리 법칙에 의해 다른 돌보다 더 멀리 날아갈. 아니면 아주 커다랗고 무거워서 잘 굴러가지 않던 돌 같기도 하다. 막상 굴러가기 시작하면 멈출 수 없이 빠르게 굴러가 버리는 그런 돌.

그렇다면 그 반동과 가속도는 어떻게 만들어졌을까. 이 글을 쓰는 지금, 나는 그 속도를 이기지 못하고 미국에 와 있다. 예상치도 못한 인디애나의 아주 외지고 작은 마을에 떨어졌다. 지하철 하나 타는 데 심장이 터질 것 같던 스무 살의 여자애가 엄마가 보고 싶어도 돌아갈 수 없는 6656마일 멀리까지 와 버렸다. 이 이동이 한순간의 결심과 준비로 만들어질 수는 없었다. 내게는 작은 여행들이 필요했다. 더 멀리 나아갈 수 있겠다며 내 등을 떠미는 순간들을 만나는 바람에 여기까지 왔다.

*

나는 할 수 있다고 힘을 내서 두 번, 세 번 되뇌어야 하는 사람들이 있다. 세상은 보통 우리가 해내지 못할 것이라고 믿기 때문이다. 우리의 성공은 아주 드물어서, 잠시 시선을 두었다 마는 희한한 일로 취급당한다. 우리의 실패는 아주 흔하여 익숙하게 관음하는 시선들이 따른다. 그러다 보면 우리 스스로도 믿게 된다. 실패가 당연하다고. 그렇게 좌절하는 경험이 쌓이면 시도조차 하지 못한다.

그럴 때 우리에게는 큰 한 방보다 작은 성공들이 필요하다. 숨을 참고 지하철 칸 안에 발을 들여 놓기. 모르는 거리에 가서 맛있는 것을 하나 사 먹어 보기. 늘 나와 함께 한 사람의 손에서 잠깐이나마 벗어나 홀로 있어 보기. 다행히도 해 본 것이 많이 없어 늘 새로운 시도를 했다. 결국은 해내지 못한 일도 있었고 생각보다 쉽게 해낸 일도 있었다. 그럴 때마다 나는 성공한 사람이 되었다. 해 봐야 할 것들이 잔뜩 쌓인 사람만이 누리는 특권이다.

여행은 작은 시도를 끊임없이 마주해야 하는 일이다. 그러므로 이 책은 그런 사소한 성공의 모음집이다. 별것 아니라는 마음으로 시도했던 경험들이 조금씩 모여 눈치채지도 못한 사이에 내 세계를 야금야금 넓히고 있었다. 그렇다고 해서 집에 갇혀 있던 **장애 소녀**가 세상으로 나가는 극복 서사나 휠체어 여행의 바이블을 쓰려는 것은 아니다. 그렇게 쓸 수도 없다. 매끄럽고 벅찬 성장 스토리를 쓰기에는 늘 덜컹거리며 겨우겨우 살아남는 쪽에 가까웠다. 나는 여행지에서 울고 싸우고 기차를 놓쳤다. 여행 계획을 세우기는커녕 미리 꼭 했어야 하는 리프트 신청을 놓쳐서 식은땀을 흘리기도 여러 번이다. 다른 사람에게 민폐를 끼치기도 했고 열쇠를 잃어 버려 노숙하기도 했다. 아무튼 깔끔하고 딱 떨어지게 매듭짓는 데는 재능이 없다. 그렇게 질척댄 탓에 더욱 깊고 끈적하게 그 세계에 다녀올 수 있었다. 바퀴 위에서 여행하는 일에는 얼마간 구질구질함을 담보해야 하지만, 그래서 좋다.

서문

작은 성공들

열여섯, 일본의 버스

우리 가족의 첫 해외여행지는 일본이었다. 한국과 가까웠고, '휠체어가 다니기 좋다'는 말에 선택한 곳이었다. 나의 아빠, 태균은 엑셀로 10분 단위 여행 계획을 짜는 사람이었으므로 우리는 정말 많은 곳을 탐방했다. 그러나 (그에게) 유감스럽게도 가장 생생히 기억나는 것은 버스다. 비가 추적추적 내리는 여행의 마지막 날, 우리 가족은 어깨를 잔뜩 움츠리고 긴장한 채 버스 정류장에 서 있었다. 인생 처음으로 해외에서 버스 타기에 도전한 날이었다.

그런 우리는 정류장에 서는 모든 버스의 기사가 하차해 우리에게 행선지를 물어 보자 놀랄 수밖에 없었다. 버스 네 대가 지나고, 그 말인 즉슨 타지도 않을 승객을 보고 하차한 네 명의 기사를 보내고 나서야 우리가 탈 버스가 도착했다. 기사는 버스 뒷문으로 가 좌석 아래에서 경사판을 꺼냈다. 그리고 경사판을 인도와 버스 사이에 단단히 고정한 후 승차를 도왔다. 버스는 꽤 오래 멈추어 있었고, 승객들은 그 오랜 정차에 무관심했다.

일본에서 처음으로 버스에 오른 그 기억만큼은 아직도 선명하다. 그때 내가 느낀 기분은 놀라움도 감사함도 아닌, '이렇게 할 수 있는 거였어?' 하는 약간의 분노였다. 열여섯의 마음속에 뜨거운 파도 포말이 부서지고 있었다. 큰마음 먹고 외출하지 않아도 되는 거였어. 짜증을 듣지 않고 버스를 탈 수 있는 거였어. 버스를 탈 때 눈치 보지 않아도 되는 거였어. "나중에 지우 혼자서도 올 수 있겠다." 흔들리는 버스 안, 태균이 내 휠체어 손잡이를 쥐고서 말했다. 혼자 외출해 본 적도 없는 내게 그 모습이 잘 상상되지는 않았다.

*

스물둘, 홍콩에서의 외출

혼자 하는 여행을 전혀 상상하지 않았던 열여섯을 지나 스무 살이 되고부터는 점점 홀로 떠나는 나를 상상하기 시작했다. 아쉽게도 대학생이 됨과 동시에 코로나19의 시대가 찾아오면서 그 목표는 기약 없이 미루어지기만 했지만. 그러다 조금씩 여행 규제가 해제되었고, 마침 이직을 하며 쉴 시간이 생겼던 태균이 갑자기 홀로 대만과 홍콩, 마카오를 여행하고 오겠노라 선언했다. 킁킁, 냄새가 났다. 공짜로 빌붙을 수 있는 냄새가….

태균에게 나도 끼워 달라고 했을 때 그는 돈이 두 배로 든다며 투덜거렸으나 내심 좋은 눈치였다(철저히 나의 주장). 그가 친한 동료와 통화하며, "아 혼자 가려 했는데 다 큰 놈이 지도 따라온다고 해서 말이야"라는 중년식 자랑 화법을 능숙히 구사하는 장면을 목격했기 때문에 나름 확신할 수 있다.

공짜로 빌붙은 사람답게 불평하지 않고 그의 엑셀 일정을 충실하게 따르기로 했다. 비록 그가 밤 열한 시까지 숙소에 들어가지 않고 관광지를 돌아봐도…. 아침 일찍 일어나 죽상인 딸을 끌고 나가 자신의 사진을 찍게 했을 때도….

일주일쯤 지나자 한계가 왔다. 마침 태균이 오늘은 이전 거래처였던 회사에 방문할 계획이라고 하기에 아빠가 미팅하는 그 시간만이라도 홀로 돌아다녀 보겠다고 했다. 내친김에 그가 가고 싶어 했지만 휠체어로 가기에는 너무 어려울 것 같아 포기했던 홍콩의 빌딩 숲, 익청빌딩도 보고 오라고 그의 등을 떠밀었다. 해외에서 혼자 있어 본 경험이 없는 데다 휠체어까지 탄 딸이 걱정되는지 태균은 한사코 같이 회사로 가자고 했다. 하지만 익청빌딩을 보고 오라는 말에는 흔들리는 눈치였다. 이런저런 마음 사이에서 진동하는 그를 두고 무작정 발걸음을 내딛었다. 도전보다는 도주에 가까웠다.

돈도 없이 나왔음을 깨달았을 때는 이미 태균과 헤어진 뒤였다. 잔액이 얼마인지도 모를 교통카드 한 장만이 내가 가진 전부였다. 그래도 이왕 이렇게 된 거 이동이라도 해 보자 싶어 지도 앱을 켰다. 지하철 몇 정거장 거리에 대충 좀 유명해 보이는 시장이 있었다(한국어 리뷰의 개수로 판단하였다). 그렇다. 철저히 우연에 기대어 흘러가듯 방황하는 것이 내가 여행하는 방식이었다. 엑셀 대마왕에게서 도망친 이유가 분명 있다. 떨리는 마음으로 지하철을 탔다.

그렇게 도착한 시장은… 그냥 시장이었다. 길은 울퉁불퉁하고 사람은 너무 많아 혼미해지기 시작했지만 오랜만에 가슴이 터질 듯 쿵쿵댔다. 스무 살, 처음으로 지하철을 탔을 때의 떨림이었다. 한 번도 하지 않았고 어쩌면 못 할 것이라고 생각했던 일을 덜컥 해 버렸을 때의 흥분감. 해외에서 혼자 돌아다닐 수도 있구나. 생각보다 별일이 아님을 온몸으로 알 수 있었다. 그날 저녁, 내가 갔던 곳을 말해 주자 태균은 호텔 근처 스타벅스에 있었을 줄 알았다며 눈을 동그랗게 떴다. 그 순간 아주 커다란 돌이 천천히 굴러가기 시작했다. 그래, 어쩌면… 정말 나 혼자도 떠날 수 있겠다.

차례

프롤로그 내 세상은 조금 느리게 커졌다 5
서문 작은 성공들 11

1부 ✱ 유럽

어떤 여행은 예고 없이 시작된다 20

파리 한복판에서 울어 본 적 있습니까? 26

흘러간 자리에는 우리가 남아 37

다시 올게, 또 만나 47

그리고 아무 일도 없었다 54

유럽의 지붕에서 웃으며 미끄러지는 법 60

무슈, 무슈! 68

엄마가 독일로 온다 76

돌봄과 쓸모 80

쓰글~ 90

잔잔하게 흘러서 98

아니, 그건 있을 수 없어 105

2부 * 호주

도망가자 110

그냥 타! 118

의심 없는 마음 129

바삭한 빨래를 만지면 어른이 된다 136

당연하고도 시끄러운, 이상한 몸들의 축제 142

아무것도 하지 않기 149

남자 둘과 동거합니다 156

사람이 싫다는 고백 164

도움 받을 용기 177

취약한 사람만이 가질 수 있는 것 184

더 자랄 시간 190

No worrries! 197

에필로그 돌아갈 곳이 있다는 것 203

1

*

유럽

어떤 여행은
예고 없이 시작된다

어떤 여행은 예고 없이 시작된다. 이미 학기의 절반이 지나고 있던 때였다. 평소 잘 읽지 않던 학교 메일함에 문득 확인해 보고 싶은 제목의 메일이 도착해 있었다. **제네바 국제 인권 기구 탐방 프로그램**. 스위스 제네바에 열흘간 머물며 유엔 등 인권 기구를 탐방하는 프로그램에 관한 메일이었다. 학교에서 처음 열린, 후기도 없는 프로그램인데다 종강도 하기 전에 스위스로 향해야 하는 빠듯한 일정이었다. 나는 아무튼 프로그램에 지원해 보고 싶었다. 해외 연수라는 말이 바쁜 중간고사 기간의 유일한 도피처로 읽혔다. 내가 가족 없이 해외에 나간 적이 없다는 점을, 그러니까 나를 전적으로 보조할 누군가 없이 지구 반대편으로 떠나야 하는 모험을 저질렀다는 사실을 깨달았을 때는 이미 꽤나 높은 경쟁률을 뚫고 해당 프로그램에 선발된 이후였다. 예상되는 수많은 어려움과 경험 없음을 뒤늦게 떠올린 것이 차라리 다행이었다.

1차 서류를 준비할 때, 내가 휠체어를 타는지 써야 할까 고민했다. 장애를 가진 동료들을 떠올렸다. 그들은 어떤 관문을 앞두고서 자신을 얼마나 드러내야 할지 고민하곤 했다. 장애인은 뽑지 않는다는 제한이 있는 것은 아니지만 우리는 그 묘한 지원 조건을 피부로 감각한다. 좋지 않은 결과를 마주했을 때 혹시 장애 때문이었을까 마음을 졸였고, 그 마음 졸임 역시 내 편견이 아닌가 검열해야 했다. 좋은 결과를 마주하더라도 혹시 장애 때문이었을지 생각해야 했다. 우리의 노력과 성취가 그대로 전해지지 않고 **힘든** 상황에도 불구하고 해낸 **대견한** 인물로 그 조직 안에 편입된 것일까 봐.

어쨌든 나는 서류에 장애가 있다고 썼다. 인권과 관련된 일을 했다고 이야기하려면 당사자임을 밝히지 않는 쪽이 더 이상했기 때문이다. 떨어지더라도 장애 탓으로 돌리지 말자고 꼭꼭 다짐했다. 다행히 면접을 보러 오라는 연락을 받았다. 담당 교수님은 혹시 지원해야 하는 사항이 있는지, 필요한 것들은 무엇인지 물었다. 이것도 필요하고 저것도 못한다고 하면 데려가지 않을까 봐 "대부분 혼자 할 수 있습니다!"라고 큰소리를 쳤다. 그런데 사실 나는 이것도 필요하고 저것도 못한다. 일곱 명의 친구들과 함께 유럽에 간다고 결정되었을 때 부랴부랴 정보를 찾아 헤맸다. 먼저 휠체어로 유럽 여행을 떠나 본 언니들이 자신의 일처럼 여러 조언을 주었다. 융프라우 갈 거야? 기압 때문에 방석이나 바퀴가 터질 수 있으니 조심해. 돌바닥이 많으니 적당한 휠체어를 잘 준비해. 기차는 무조건 일찍 연락하고, 현장에 가서 잘 안 풀리면 박박 우겨. 그들이 내가 더 멀리 떠날 수 있도록 등을 밀어 주었다. 무조건 혼자 해내는 것이 능사는 아님을, 내가 못하는 것을 솔직히 말해야 더 나아갈 수 있음을 이렇게 배우면서도 나는 자꾸 잊고 만다.

프로그램은 열흘간 제네바에서의 숙박과 식사만을 책임져 주었다. 항공편은 스스로 마련해야 했으므로, 나흘 먼저 파리로 날아가 프로그램 시작일에 기차를 타고 스위스로 넘어가기로 했다. 그것도 아쉬워서 이후에는 독일도 가 보기로 계획을 세웠다. 혼자서 국내 여행도 해 본 적 없으면서 그냥 그렇게 되었다. 장애를 가지고 살아오며 얻은 한 가지 문장이 있다면, **어떻게든 하면 된다**는 것이었다. 미리 안 될 이유를 생각하자면 끝도 없이 나쁜 상황이 떠오른다. 아무튼 못 하는 것이 많았기 때문에 하고 싶은 것이 있다면 더 많이 시도해야 했다. 그러면 그중 절반은 어떻게든 할 수 있었다. 같이 프로그램에 선발된 애인 루와 함께 파리를 여행하게 되었고, 바로 돌아오지 않겠다는 딸이 걱정되어 나의 엄마 현미가 독일로 날아오기로 하여 결국 혼자 여행하지는 않았지만 말이다.

　미래를 내다보는 데는 놀랍게도 소질이 없는 탓에 오히려 무던히 출국일을 맞았다. 유일하게 꼼꼼히 준비한 것은 커다란 전동 휠체어였다. 시차 적응도 인종차별도 여행의 고단함도 무섭지 않았는데 오로지 휠체어 바퀴와 배터리만이 걱정되었다. 다행히 돌바닥도 견디는 커다란 앞바퀴와 용량 제한 없이 항공기에 반입 가능한 습식 배터리를 가진 휠체어를 빌렸다. 겨우 우리 집 강아지 몸무게인 가벼운 휠체어를 타고 살다가 200킬로그램의 기계 위에 앉자니 다른 사람이 된 것 같았다. 더 튼튼하고 육중한, 둔하고 강력한 새 몸에 적응하느라 애를 썼다. 특히 나란히 걷는 루의 발을 밟지 않도록 주의했다. 내게 밟히면 연약한 그의 발은 속절없이 으스러지고 말 거야. 그렇게 생각하면서도 나는 어김없이 바퀴로 그의 발을 깔아뭉개곤 했다. 다행히 발은 으스러지지 않았고, 나는 사과의 의미로 휠체어 뒤에 그를 태우고 파리의 골목을 내달렸다.

　열네 시간의 긴 비행이었다. 화장실에 가지 않으려고 음료를 거의 마시지 않았는데, 그랬더니 너무 움직이지 않아서 극심한 관절 통증이 찾아왔다. 나와 시선이 마주친 푸른 눈의 승무원이 몸을 낮추고 다가와 영어로 물었다. 필요한 게 있나요. 나는 말했다. 진통제를 받을 수 있을까요. 다리가 많이 아파서요. 그는 몸을 일으켜 비행기 앞으로 사라졌다가, 컵에 하얀 알약 두 개를 담아 왔다. 있을 수 있는 요청에 응답하는 간명한 움직임이었다. 팔자로 처지는 눈썹도, 어쩔 줄 모르며 한없이 올라가는 목소리 톤도, 내 고통이 이례적이라는 듯 허둥대는 손짓도 없었다. 너무 오래 앉아 있었더니 다리가 아파요. 나는 약을 받아 들며 웃었다. 비행이 길어도 너무 길죠? 승무원은 질린다는 듯 입꼬리를 올리며 푸, 하고 고개를 내저었다. 물과 함께 약을 삼켰다. 루는 내 다리를 끌어와 자기 다리 위에 올리고 발목을 천천히 돌려 주었다. 곧 통증이 가라앉았다. 무언 예감이 들었다. 앞으로의 여행도 지금 이 비행기의 공기처럼 흘러가겠다는 감각. 고됨은 언제나 그랬듯 늘 나와 함께하겠지만 그것이 특이한 경우로 여겨지지 않겠다는 직감이었다. 그저 푸, 하는 소리와 잠깐의 자조적인 웃음으로 넘어갈 만한 일상이 될 수도 있겠다. 익숙한 나라가 점점 멀어져 작게 보이는 것처럼 나도 한없이, 적극적으로 작아지고 싶었다. 파리 여행의 시작이었다.

파리 한복판에서 울어 본 적 있습니까?

울었다, 대차게 엉엉 울었다! 파리하면 낭만과 예술의 도시라는 이미지가 떠오르지만, 나는 파리를 식은땀과 위산, 그리고 눈물의 도시로 기억한다. 파리 여행 3일 차, 나는 파리의 중앙역인 리옹역 한복판에서 엉엉 울고 있다. 힘들 줄은 알았지만 그리고 내 존재가 별로 대단치 않을 것도 알았지만 그리고 그러기를 원했지만! 이렇게까지 힘들고 싶지는 않았다. 이럴 바에는 차라리 불편하고 어색한 특별 대우가 낫다고, 스스로 차별과 억압의 길로 들어가는 생각까지 해 버리고 말았다. 소매로 눈물을 벅벅 닦고 싶었지만 그날은 파리의 자유를 느끼겠답시고 화려한 탱크 탑을 입었다. 젠장! 과한 행색을 하고 초라하게 우는 내 앞에 루가 어색하게 굳은 표정으로 서 있었다. 루를 알게 된 이후 처음으로 크게 싸운 날이었다.

불길한 예감은 공항에 내리면서부터 시작되었다. 공항과 도시를 연결하는 RER선은 휠체어로 접근 가능하다고 들었는데 막상 도착해 보니 역과 승강장 사이의 단차가 터무니없이 높았다. 승강장의 도움 벨을 여러 차례 눌

렸지만 우리는 프랑스어를 하지 못했고 역무원은 영어를 하지 못했다. 도착하자마자 이런 일이라니. 눈앞이 깜깜했다. 기차를 세 대 정도 보내고 나서야 갑자기 단차 없는 기차가 도착했다. 영문은 모르겠지만 일단 탑승했다. 같은 역을 가더라도 기차의 종류에 따라 접근성이 다른 것 같았다.

기차에 올라타 한숨 돌릴 새도 없이, 파리 중심부에 다가갈수록 등줄기가 서늘해졌다. 어느 순간부터 평평한 승강장이 아니라 계단을 세 칸 정도 내려가야 하는 낮은 승강장이 등장했다. 하차하는 사람들의 머리가 밑으로 숙숙 빠졌다. 그래도 같은 칸에 유아차를 끌고 탄 승객도 있었기에 안심했는데, 하차할 때가 되자 그는 자연스레 아이가 탄 유아차를 들어 올렸다. 옆의 시민 역시 자연스레 함께 그것을 들고 내리는 훈훈한 장면도 목격했지만 그때는 이런 훈훈함이 중요한 게 아니었다. 우리가 내릴 방법이 없었다. 육중한 휠체어를 타고 있으니 도움을 청한다고 해도 사람들이 가볍게 들어 줄 수 있는 상황은 전혀 아니었다.

하차해야 하는 역에서 문이 열렸지만 역시나 낮은 승강장이 우리를 반겼다. 당황하는 사이 문이 닫히고 말았다. 파리 중심부에서라면 어느 역에 내리든 환승할 방법이 있었기에 손톱을 깨물며 역을 몇 차례 더 지나쳤지만 상황은 똑같았다. 꼭 내려야 하는 마지막 역에서 문이 열렸을 때는 기절할 것 같았다. 역시나 계단이었다.

빠르게 판단해야 했다. 루에게 비장한 목소리로 말했다. 뛰어내리겠어…. 내가 할 수 있는 유일한 일이었다. 계단을 마주한 순간, 곧바로 휠체어를 돌려 두 눈을 꽉 감고 빠르게 후진했다. 쾅, 쾅쾅! 우렁찬 소리를 내며 휠체어가 세 칸 계단을 내려갔다. 아니, 내려갔다고 표현하면 안 될 것 같다. 거의 추락이었다. 교통사고가 난 것처럼 허리에서 충격이 진동하듯 퍼져 나갔다. 내려올 때 받은 충격 때문인지, 빌린 이 휠체어의 가격이 3천만 원이라는 사실 때문인지 뒷목이 뻐근했다.

파리에 머무는 4일 동안 이동은 언제나 우리에게 큰 문제였다. 돈을 아끼면서도 휠체어가 접근 가능한 숙소를 찾아야 했던 우리는 파리 외곽에 위치한 숙소를 잡았다. 그게 패인이었다. 지하철과 기차의 중간쯤 되는 대중교통인 트랑지리엥을 타고 30분이면 도심에 도착한다는 숙소 설명만 믿었는데, 그것은 사실이었지만 하차 역 승강장에 계단이 있었다.

덕분에 버스를 많이 타고 다녔다. 하지만 버스로 숙소에 돌아가려니 한 시간 반 넘게 걸렸다. 그마저도 여행 이튿날 파리에 기록적인 폭우가 와 버스가 계속 연착되어 세 시간이 넘어서야 숙소에 들어가기도 했다.

짧은 시간 동안 이동하며 겪을 수 있는 모든 문제를 몰아 경험했다. 역마다 다른 플랫폼의 단차 때문에 기차가 도착해 문이 열릴 때까지 승차 가능 여부를 판단할 수 없었다. 그나마 접근 가능한 RER선을 탈 때면 휠체어용 안전 발판이 올 때까지 적어도 10분에서 20분은 기다려야 했다. 그 동안 기차를 두세 대는 더 보내야 했고, 기다리는 데 소질이 없는 한국인의 가슴은 불타고 있었다. 무사히 기차를 타고 나서도 내릴 역이 평지일지는 문이 열려 봐야 아는 일이었다.[1] 덕분에 열차를 탈 때마다 입이 바짝 마르고 속이 아팠다.

열차를 이용하기 어렵다는 문제보다 함께 여행하는

---

[1] 물론 인터넷에서 파리의 대중교통 접근성 정도를 안내하는 문서를 찾을 수 있다. 하지만 접근성이 보장되지 않는 역이 많았고, 24시간 전에 어시스트를 신청해야 하는 방식은 파리가 익숙지 않은 여행객인 우리에게 적합하지 않았다. 파리를 떠나기 전날에서야 트랑지리엠 어시스트를 신청해 보았는데, 역에 비치된 아주 작은 경사로를 꺼내 대어 주는 서비스를 받는 데만 30분이 넘게 걸렸다. 다음날 아침 어시스트도 함께 신청했지만 직원을 만날 수 없었다

루가 더 신경쓰였다. 그는 우리가 열차를 바로 탈 수 없는 것에, 엘리베이터 없는 기차역 출구에, 아무 설명도 없이 우리를 기다리게 하는 직원에 적극적으로 불쾌함을 드러냈다. 상대적으로 나는 평온했다. 내게 이런 일은 꼭 파리가 아니더라도 일어나니까. 그런 이유로 나는 그의 신랄한 항의를 좋아했었다. 많은 일을 겪고 너무 무덤덤해진 나에게, 이런 상황에서는 화내도 괜찮다고 알려 주는 것 같았기 때문이다. 하지만 상황이 반복될수록 그런 그의 반응은 내게 부담으로 다가왔다. 우리는 길에서 너무 많은 시간을 버렸고 나는 루의 굳은 표정을 계속 살펴야 했다. 나와 함께 여행하지 않았다면 루는 훨씬 많은 장면을 보고 많은 곳에 가닿았을 텐데, 라는 생각에 속상해졌다. 루는 나에게 화난 게 아니라고 했지만 결국 나와 여행하지 않았더라면 겪지 않았을 일이다. 이 가녀린 비장애인, 이 정도 차별도 못 견디다니. 그를 비꼬며 이 마음을 해소해 보려 해도 잘 되지 않았다.

이 모든 감정이 파리 여행 사흘째에 터져 버렸다. 다음 날에는 스위스로 가야 했다. 스위스로 가는 열차는 반드시 타야 했으므로 하루 전 콜센터에 전화를 걸었다. 끝없는 연결음. 어려웠던 직원과의 소통. 어시스트 신청만으로 한 시간이 지났다. 우여곡절 끝에 신청을 완료했다는 직원의 음성이 들렸다. 안도하기도 잠시, 직원이 말했다. 확실히 적용되었을지는 오늘 역에 직접 가서 확인하시기 바랍니다.

이게 뭐지. 그럼 나는 전화를 왜 한 거람. 이제는 화를 낼 기운도 없어 우리는 침대에서 몸을 일으켜 주섬주섬 나갈 채비를 했다. 그리고 리옹역으로 갔다. 또 계단 세 칸에서 떨어져 가면서….

"그런 신청은 없어요."

이 모든 마음은 결국 리옹역의 어시스트 센터에서 무너졌다. 번역기와 손짓을 총동원해 가며 소통했는데 신청 사항이 없다는 말만 돌아왔다. 오늘 아침의 한 시간 통화가 모두 무산된 것이다. 내 앞에서 상담원과 대화를 하던 루는 화가 많이 난 듯했다. 그는 한숨을 쉬었고 손을 휘저었으며 눈썹을 찌푸리고 있었다. 말이 통하지 않더라도 그가 엄청 짜증이 났다는 사실을 누가 봐도 알 정도였다. 화가 나면 상대적으로 오히려 차분해지는 나는 루를 말리고 그의 손에서 번역기를 뺏어 들어 다시 차근차근 소통을 했다. 어시스트 신청을 하려면 먼저 다른 센터로 가서 좌석 티켓을 끊고 돌아와야 한다는 직원의 말에 고개를 끄덕이고 어시스트 센터 밖으로 나왔다.

우리는 아무 말도 하지 않고 나란히 걸었다. 내일이면 파리를 떠난다. 그리고 오늘 하루를 몽땅 티켓 구매와 경사로 신청에 쓸지도 모른다. 사실 3일 내내 길에서 시간을 너무 많이 버렸다. 그 모든 일보다 루가 화가 나 있다는 사실이 나를 힘들게 했다. 리옹역의 구석, 우리는 둘뿐이었고 나는 화가 난 사람과 함께 있기가 힘들었다. 잠시 그와 떨어지고 싶었다. 차분하게 협상하는 일에는 내가 더 소질이 있다고 생각했다. 그에게 어디 카페라도 가 있으라고, 그러면 내가 해결하고 오겠다고 말했다. 그러자 그가 와락 소리쳤다. 왜 나를 맘대로 이리 가라 저리 가라 하는 거예요!

순식간에 눈앞이 뿌옇게 흐려졌다. 루는 내게 화를 낸 적이 한 번도 없었다. 그리고 나 역시 루 때문에 울어본 적이 없었다. 우리에게 처음 있는 순간이었다. 와중에 루가 내게 소리쳤다는 것이 괘씸해서 "너…!"하는 짧은 단말마를 내뱉었지만 끝내 눈물이 뚝뚝 떨어졌다. 예약 하나로 파리 마지막 날의 절반이 훌쩍 지나갔다는 사실에 짜증이 났다. 전날 태풍의 영향으로 또 비가 내리기 시작했고 함께 여행하는 친구는 나 때문에 화가 났다. 엉망이었다.

루 역시 자신이 소리를 높였다는 사실에 꽤 놀란 눈치였다. 그는 곧바로 사과했지만, 울음은 멈추지 않았다.

이 눈물이 위기 해결에는 도움이 되었다. 나는 그보다 앞서 걸었고 그는 내게 말을 걸지 않고 따라오기만 했다. 여전히 눈물을 줄줄 흘리면서 붐비는 사람들을 뚫고 티켓 창구를 찾아 휠체어석 두 자리를 구매했다. 내가 울고 있어서 직원들이 조금 더 관심을 기울여 주었을지도 모르겠다. 우리는 아무 말 없이 실물 티켓을 받고 센터로 돌아가 말이 통하지 않는 직원과 또다시 손짓발짓으로 어시스트를 신청하는 데 성공했다. 어느새 오후 두 시가 지나고 있었다.

루도, 나도 조금은 지쳐 있었다. 파리 여행에서 가장 어려웠던 점은 그에게 어느 정도로 의존할지 결정하는 것이었다. 우리는 도움의 무게를 정하지 못해 종종 휘청였다. 우리는 가장 친한 동료이자 연인이었지만, 매 순간 동등할 수는 없었다. 나는 가지 못하는데 그는 갈 수 있는 곳이 있었다. 그는 나 대신 티켓을 사 오거나 음식을 포장해 왔다. 내가 세 칸 계단에서 뛰어내릴 때 그는 200킬로그램짜리 휠체어를 붙들고 최대한 천천히 떨어지도록 도왔다. 숙소에서도 무거운 짐을 싸는 일은 그의 몫이었다. 나는 그럴 때마다 불안했다. 그가 이 모든 일에 지쳐 나와 다시는 여행하지 않을까 봐. 그에게 책임이 기울어지고 그 사실이 그를 힘들게 할까 봐. 내가 동등하고 매력적인 상대로 여겨지지 않고, 그저 챙겨야 할 존재로 전락해 버릴까 봐. 리옹역의 어시스트 센터에서 그 불안이 펑 터져 버리고 말았다. 내가 아니었다면 장애가 없는 그는 절대 오지 않았을 공간에서.

역 근처 식당에 들어가 식사를 했다. 구글 지도 리뷰에 '직원이 햇살 같이 친절하다'는 내용이 있는 곳이었다. 밥을 먹다가 오늘의 상황에 대해 이야기를 시작한 나는 프렌치 프라이를 먹다 말고 다시 울었다. 서빙을 하던 직원이 슬쩍 다가와 내 옆구리에 냅킨을 밀어 주었다. 과연 햇살 같은 여자였다. 우리는 오래 대화를 했지만 정말 하고 싶은 이야기는 피해 빙글빙글 돌아갔다. 나는 그냥 나와의 여행이 즐거운지, 부담되지는 않는지 묻고 싶었는데 그가 냉큼 힘들다고 할까 봐 묻지 못했다. 그런 하루가 저물어 가고 있었다. 파리에서의 마지막 날이었다. 비는 서서히 그쳐 가고, 내 손에는 어시스트 신청이 완료된 티켓 두 장이 있고, 햇살 같은 웨이터는 내게 냅킨이 더 필요할지 살펴보는 따스한 오후였다. 우리는 가게를 나와 손을 잡고 걸었다. 평소보다 더 꼭 붙어 잠들었다. 여행에서 돌아오고 한참 뒤 우리는 이 이야기를 다시 꺼내게 된다.

흘러간 자리에는 우리가 남아

파리 여행 이후 루와 함께 참여한 문집에서 주고받은 서간문 일부

이 문집의 주제는 '장애와 관계'였다. 필명을 썼기 때문에 루는 도치로, 나는 마루로 불린다.

도치에게,

저는 요즘 얼마 전 함께 떠난 프랑스 여행에서 담은 영상들을 편집하고 있습니다. 어느 한 영상에서, 프랑스어로 우리 둘을 가리키며 무어라 묻는 기차역 직원에게 내가 선명히 "그는 내 돌봄 제공자예요$^{\text{He is my caregiver}}$"라고 하더군요. 떼제베의 웹사이트와 유레일 패스의 조항에서 장애인의 'caregiver'는 기차표가 무료임을 확인한 다음날이었습니다. 자주 보지 않는 단어였지만 무엇을 의미하는지 바로 알 수 있었습니다. 돌봄 제공자라니요. 물론 도치 씨는 제 양

말도 신겨 주고, 까르보나라도 만들어 먹여 주고, 가끔 넘어진 몸을 일으켜도 주지만…. 그렇게 퉁치기에는 우리 서로 억울한 부분이 있지 않을까요. 설명하지 못하는 구석들이 있지는 않을까요.

마음을 지켜내는 일보다는 파리의 비싼 기차표를 공짜로 받는 편이 더 중요했으므로, 먼 타지에서 잠깐 당신을 돌봄 제공자라고 말하는 것은 아무렇지 않을 수 있었습니다. 그렇지만 한국에 돌아와 그렇게 말하는 나를 되돌려 보는 기분은 유쾌하지 않더군요. 가장 중요하고도 어려운 일은 우리 사이에(보통 도치 씨에게서 출발해 나에게 도착하는) '돌봄 제공^{caregive}'이 이루어진다는 사실을 인정하는 것입니다. 그 점은 자명하지만, 어쩐지 그 주고받음이 있다고 인정해 버리는 순간 우리 관계 안에서 더 고생하는 사람과 덜 매력적인 사람이 생겨버리는 것 같아서요.

스위스로 넘어오니 기차 시스템 안에서 당신은 돌봄 제공자가 아니라 동반인^{companion}이 되어 있었던 것도 기억납니다. 스위스 철도인 SBB에서는 장애인의 동행인을 그리 불렀으니까요. 사전적 정의는 '친구이거나 함께 여행하기 때문에 종종 많은 시간을 함께 보내는 사람'입니다. 떼제베를 탈 때의 우리와 SBB를 탈 때의 우리는 같은 사람인데,

불리는 이름에 따라 도치 씨를 소개하는 제 마음은 땅에 덜컥 떨어질 수도 덤덤히 자리할 수도 있었어요.

앞으로 당신과 제가 어떻게 오해될지는 잘 모르겠습니다. 하지만 나는 당신이 어떤 이름으로 불리든지 간에 내 양말을 신겨 주고, 까르보나라도 만들어 먹여 주고, 가끔 넘어진 몸을 일으켜 줄 사람이라는 사실을 알아요. 그런데 이와 동시에 도치 씨가 나와 포옹하고, 같이 자기도 하고, 손잡고 돌아다니기도 할 사람이라는 사실도 압니다.

도치 씨는 나와의 관계에서 어떤 순간을 발견하시는지 궁금합니다.

*

마루에게,

돌봄 제공자와 동반인이라는 단어에 대한 이야기는 저도 당시에 많이 고민했고, 지금도 여러 생각을 하는 주제입니다. 사실 저는 '돌봄 제공자'나 '동반인' 그 어느 쪽으로의 호명도 딱히 원하지 않습니다.

돌봄 제공자 혹은 동반인라 불릴 때 저는 당신에게 종속됩니다. 당신이 없으면 저는 기차에 탈 수조차 없습니다.

그리고 그런 돌봄 제공자나 동반인과 함께 기차를 타야 하는 당신 역시 저에게 종속됩니다. 친밀한 관계에서 종속이 항상 나쁜 것은 아니지만 서로의 의지가 아니라 제도에 의해 그렇게 뭉뚱그려질 때 불쾌감을 느낍니다.

그런데 저는 우리 사이에 돌봄 제공이 이루어짐을 부정하지 않습니다. '나도 당신을 돌보고 당신도 나를 돌보니 괜찮다'라는 이야기는 하나의 논리가 될 수 있고, 또 맞는 말입니다. 저는 쉽게 스트레스를 받는 개복치 같은 사람이라 마루 씨의 존재는 그런 저를 누그러뜨리는 데 큰 도움이 됩니다. 하지만 그게 다는 아닙니다. 저는 그런 쌍방의 방향성이 있다는 언급만으로 문제를 축약해 버리고 싶지 않습니다.

우리는 우리 사이에 돌봄이 이루어지며 그게 때로는 일방적이고 한쪽에게 과중하다는 사실을 신경 씁니다. 보통은 연인 사이에 돌봄의 비대칭이 일어나지 않느냐, 라는 언급으로 또 축약해 버릴 수도 있겠지요. 그러나 우리 사이의 돌봄은 많은 순간 장애 기반이라 다시 선명한 교차성의 존재를 생각하게 됩니다. 마루 씨에 대한 저의 행위는 연인 사이의 돌봄이었다가도 장애인에 대한 비장애인의 돌봄이 되곤 합니다. 둘을 분리하려 애쓸 필요가 있을까요?

저는 때때로 이 생각들을 오갑니다. 돌봄 제공자로의 저는 약간은 부유하는 상태입니다. 이렇게 말하면 좀 믿음직하지 못한가요. 타인이 보기에 돌봄 제공자로서 저는 애매한 자세로, 왼발은 허공으로 들고 오른발은 왼발 자리에 놓은 상태일지도 모르겠습니다. 하지만 그렇게 부유하며 제가 마루 씨의 연인으로 땅에 남을 자리를 보호하고 있다는 생각도 듭니다.

그러나 계속 안정적으로 부유해 있지는 못하고 돌봄 제공자의 정체성에 잠식된다고 느낄 때도 있습니다. 그런 경험을 할 때마다, 저는 두렵습니다. 예를 들어 파리에서 당신에게 화냈던 순간이 그랬습니다. 돌봄 제공자로 행동하는 순간이 이어지면(혹은 그렇게 강제되면) 제 모든 관심과 행위는 당신을 향해 쏠립니다. 독립적인 자신은 점점 작아지고 돌봄 제공자인 도치만 남습니다. 제가 무엇을 원하는지 알 수 없지만 일단 돌봄을 하고 있었으니 관성적으로 계속 돌봄을 제공합니다. 그런 상황에서 '이제 내가 알아서 할 테니, 돌봄을 멈춰!'라는 명령이 하달되면 저는 자신을 잃어버린 감각에 처하게 됩니다. 돌봄을 제공하지 못하는 돌봄 제공자는 성립할 수 없는 존재이니까요. 불안하고 뭘 하고 싶은지도 뭘 해야 할지도 모르겠어 난처하고 내 정체성을 뺏어가는 당신에게 화가 납니다. 동시에 그렇게 종속된 위치로, 돌봄 제공자라는 역할로 나를 몰아넣은 것에 배신감을 느낍니다. 그럴 때 저는 당신에 대한 돌봄을 원하면서도 가장 원하지 않는 모순적인 존재입니다.

모종의 결론을 지으려고 약간 얼버무리자면, 어쨌든 너무 신경 쓰지 않는 것이 좋겠다는 생각이 듭니다. 돌봄이 일어난다는 사실 자체는 인정하면서도 그걸 어떻게 규정하거나 어떤 방향으로 끌고 가려고 애쓰지는 말자는 이야기입니다. 당신은 제게 우리 사이에서 어떤 순간을 발견하냐고 물으셨죠. 저는 때로 삑사리를 발견합니다. 부유하는 도치는 항상 돌봄 제공자로 땅에 발을 디디고 있을 수 없습니다. 그 때문에 당신이 원하는 돌봄과 제가 생각하는 돌봄이, 당신이 돌봄을 원할 때와 제가 돌보고 싶을 때가 같지 않아 삐걱거립니다. 하지만 괜찮습니다. 그런 삐걱임은 쌓이지 않고 잠시 후에 흘러가 버리니까요. 흘러가 버린 자리에는 우리가 남아 있습니다.

*

이 글들은 장애인권자치언론 〈디스에이블〉에 실었

던 서간문이다. 올해로 19호를 맞은 〈디스에이블〉에서 장애-비장애 연인의 이야기를 다룬 것은 이번이 처음은 아니다. 〈디스에이블〉 4호에 실린 '빈'의 '동이를 부탁해'가 그 예이다.[2] '빈'의 장애인 애인, '우'의 휠체어인 '동이'의 시점으로 쓰인 이 글은 일본 여행에서 휠체어 충전기가 작동하지 않으면서 겪어야 했던 험난한 과정을 이야기한다. 그 글 중 몇 개의 문장을 읽으며 나는 불에 덴 것처럼 화들짝 놀라곤 했다.

> 그 순간 동이는 깜짝 놀랐습니다. 어디론가 떠나버리기를 간절히 바라는 것 같은 빈의 얼굴을 보았기 때문입니다.[3]

> 얼마나 달콤할까요. 사랑하는 것도 소중한 것도 가지지 않는 삶은요. 그곳에선 더 이상 비루해지고 옹졸해질 일도 없을 것입니다. 관계와 종속과 책임이 빈의 어깨에서

---

[2] 해당 글을 〈디스에이블〉 4호에서 처음 읽었으나, 현재 단행본으로 출간되어 인물 표기를 단행본에 맞추어 수정하였다. 〈디스에이블〉에서 '빈'은 '빙구'로, '우'는 '꼽슬'로 표기되었다

[3] 《우는 나와 우는 우는》, 하은빈 지음, 동녘, 2025

> 영원히 떨어져나갈 것이므로, 그곳에는 영영 우와 동이
> 란 없을 것입니다. 그러면 우와 동이 때문에 갖는 크고 작
> 은 걱정과 사건도 없어지는 것입니다. … 마침내는 세상
> 에 그런 걱정이 있었다는 사실조차 잊어버린 채 사는 것
> 입니다.[4]

내가 두려워한 바로 그 문장이 문집에 정확하게 박혀 있었다. '우'의 글이 이 글 바로 앞에 실려 있었으므로 '우' 도 이 글을 봤을 것이다. 그렇게 생각하면 '빈'의 이런 글이 나오기까지 서로의 용기가 얼마나 필요했을지도 가늠할 수 있었다. 나 역시 루와의 관계에서 같은 부분이 두려웠다. 나로 인해 '관계의 종속과 책임'을 느끼는 루. 나와의 관계가 이어지며 험난한 일을 겪을수록 '크고 작은 걱정과 사건'이 그의 한계치에 다다랐을 때, 그가 영영 '어디론가 떠나버리기를 간절히 바랄' 것만 같아 무서웠다.

그래서 더욱 물어 보아야 했다. 나와의 여행이 힘들지 않았냐고. 돌봄 제공자로 불리는 마음은 어떤 것이냐고. 그의 답장을 받기까지 꽤나 긴장했다. 그리고 "딱히 불리기

---

4   상동

를 원하지 않습니다"라는 차가운 문장을 마주하고 끝내 마음이 덜컥였다.

하지만 동시에 안심했다. 그가 '나는 그런 돌봄을 눈치채지 못했어'라든가 '너를 돕는 일쯤은 아무것도 아니야'라고 말하지 않아서. 그가 '일반적이고 과중하다는 감각을 신경쓰고 있'다고 이야기해서 좋았다. 왜냐하면, 돌봄은 정말로 우리 관계 속에 있기 때문이다. 그리고 중요한 부분을 차지하고 있기 때문이다. 우리 사이의 돌봄은 때때로 우리를 좌절하게 하고 먼 타지에서 도망치고 싶은 마음을 가지게도 하지만 또 그만큼 엉뚱하고 즐거운 순간을 선사하기도 한다. 나는 그가 내 옷을 입혀 줄 때, 옷 가게의 점원 행색을 하며 "손님 이거 걸쳐 보세요~"라고 호들갑을 떠는 모습이 좋다. 게으름을 피우며 침대에 널브러져 있을 때 그가 나를 번쩍 안아 화장실에 가져다 두는 것도 좋다. 정말로 존재하는 것을 없는 체할 수는 없었다. 그것을 뺀 우리는 우리가 아닐 테니까. 그런 마음이 들수록 똑바로 눈을 뜨고 마주해야 했다. '빈'이 기어코 모든 것을 내던지고 떠나고 싶었다는 마음을 글로 똑똑히 남긴 것처럼.

루와의 미래를 그려 볼 때면 파리에서의 여행을, 주고받았던 이 편지를 생각한다. 우리의 미래는 영화처럼 반짝이지만은 않을 것이다. 다큐멘터리에 나오는 장면처럼 아련하고 아름답지도 않을 테고. 우리는 종종, 아마 더 자주 '삑사리'를 발견하며 어디까지 의존하고 어디까지 도울지에 대해서 더 많이 싸울 것이다. 이미 알고 있다고, 이렇게 써 보면서 두려움을 내려놓는다. 파리 외곽의 숙소에서 더 꼭 붙어 잠들었던 그날처럼. 흘러간 자리에 우리가 남아 있을 것이라고 믿어 보면서.

다시 올게, 또 만나

식은땀과 위산과 눈물의 도시로 이곳을 묘사했지만, 체액으로 점철된 도시로만 남기기에는 파리에게 미안한 마음이 있다. 파리를 떠나기도 전 벌써 이 도시에 돌아오고 싶다고 생각했다. 여름의 파리는 정말 아름다웠으니까. 어디를 돌아보더라도 펼쳐지는 한 폭의 회화 같은 거리를 보자면 어떤 이들이 왜 이 도시에 산다는 사실에 자부심을 느끼는지 알 것만 같았다. 어릴 적 책에서나 보았던 건물들이 너무나 당연한 자태로 한 블록 건너 한 블록마다 몸을 안착하고 있는 모습이 낯설었다. 그렇게 한없이 도시를 거닐다 보면 고풍스러운 건물들 사이로 갑작스럽게 에펠탑이 고개를 들이밀고 나타났다.

발길 닿는 대로 도시를 거니는 일 자체가 보물을 찾아 헤매는 탐험 같았다. 에펠탑은 신기루 같아서, 도시 곳곳에서 목격되지만 탑을 향해 아무리 걸어도 도무지 그 존재를 직접 마주할 수가 없었다. 10분 정도만 걸으면 에펠탑을 조우할 수 있으리라는 기대로 거대한 탑만을 바라보며 걸었는데, 한 시간이 지나도 탑은 여전히 눈앞에 나타나지 않았다. 도착이 지연된 덕분에 더 멋진 보물들이 눈에 들어 왔다. 나와 루는 서로의 손을 느슨히 쥔 채 센강을 따라 걸었고, 그는 강 밑으로 연결되는 계단을 홀로 뛰어내려가 상큼한 딸기 소르베를 사 왔다. 우리는 손목까지 흐르는 아이스크림을 핥아 먹으며 중세풍의 주택이 늘어선 거리를 구경했다. 에펠탑을 만나기 위해 지났던 모든 공간과 시간이 발견이었다. 탑에 겨우 도착하자마자 이례적인 태풍과 폭우가 시작되어 허겁지겁 숙소로 돌아와야 했지만.

슈퍼마켓이 좋았다. 이때부터 여행을 가면 동네 슈퍼마켓에 가서 한참을 구경하는 버릇이 생겼다. 익숙한 것들—코카 콜라나 레이즈 감자칩—을 발견하는 재미도 있었지만 생소한 재료들이나 수천 가지의 치즈, 가판대에 아무렇게나 놓인 빵 무더기를 보면 내가 다른 세계에 왔다는 사실이 실감났다. 낯선 식재료의 맛을 가늠하며 조심스레 고르고 숙소에 돌아와 저녁을 해 먹는 일이 무척 행복했다. 요리하기를 좋아하는 루는 어느 관광지에 있는 것보다 마트를 헤맬 때 더 즐거워 보였다. 내가 리옹역에서 엉엉 운 날 그는 파스타 한 봉투, 조각으로 잘린 관찰레와 치즈, 달걀 네 알을 사들고 와서 까르보나라를 만들어 주었다. 간단한 재료였지만 정말 맛있었다. 그의 요리를 아주 오래 먹고 싶다고 생각했다.

어느 빵집에 가도 맛있을 것이라는 확신이 있었다. 지하철역 근처 허름한 샌드위치 가게에서 먹은 하몽 잠봉 뵈르는 우리의 인생 샌드위치가 되었다. 숙소 근처의 빵집에서 아침으로 먹을 크로와상을 사면서 이곳에서 만드는 마카롱과 퐁당 오 쇼콜라가 궁금해 한 번에 다 먹지 못할 것을 알면서도 몇 개를 더 사 두었다. 그리고 다음 날 아침에 일어나 졸린 눈을 비비며 크로와상을 한 입 베어 물었을 때, 나는 이곳에서 더 많은 아침을 보낼 수 없다는 사실이 아주 아쉬웠다.

그리고 몹시 자유로웠다. 200킬로그램의 육중한 휠체어를 타고 파리 한복판에 있는 아시아인 여성이 당연하게도 흔한 존재는 아니었으나 그렇다고 모든 이의 시선을 끌 정도로 특이하지도 않았다. 이곳에서 나는 이방인이었지만, 실제로 이방인인 곳에서 이방인일 수 있어 좋았다. 태어나 23년간 살아온 나라에서도 나는 종종 이방인이었으니까. 우리를 **우리**라고 말하지 않고 **그들** 심지어 **그분들**이라고 호명하는 것을 볼 때 가끔 마음이 무너졌다. 비슷한 피부색과 머리색, 작은 도시에서 함께 같은 시간을 지나온 사람들이 나를 우리로 보지 않을 때 터무니없이 외로워지곤 했다. 건너갈 수 없는 선이 우리 사이에 있는 것만 같았다.

　이곳에는 너무 다양한 사람들이 있었다. 노천카페에서 아주 젊은 사람과 아주 늙은 사람 모두가 커피를 즐겼다. 피부가 새하얗거나 울긋불긋한 사람, 검은 사람, 갈색인 사람이 길가에, 관광지에, 버스에 있었다. 흰 지팡이를 짚거나 낡은 휠체어를 끌고 다니는 사람도 종종 마주쳤다. 이곳에서는 누가 누구를 **우리**라고 호명할까. 애초에 **우리**로 묶일 수나 있을까. 나는 우리라고 불릴 필요 없는 곳에서 건너고 싶은 선도 없는 소시민적 마음으로 홀가분했다.

　그러면서도 온전히 존중받았다. 파리가 휠체어에 상냥한 도시는 아니었으나… 다친 허리와 마음을 어루만지는 사람들이 있었다. 루브르 박물관의 모나리자 앞, 터무니없이 긴 줄을 지나 바로 코앞에 마련된 우선 관람 구역 priority zone 으로 나를 이끄는 손이 있었다. 정류장에는 기꺼이 내게 맨 앞 줄을 양보하는 사람들이 있었다. 엘리베이터를 꽉 채운 휠체어 군단이나, 기차 승강장 단차 앞에서 멈춘 나를 보고 자전거도 내팽개친 채 달려오던 파리지앵이 있었다. 그 모습들을 그리다 보면 오롯이 이방인임에도 외롭지 않았다. 파리에 다시 오고 싶었다.

*

 물론 파리는 우리를 쉽게 놓아 주지 않았다. 스위스로 떠나는 날 기차는 (당연하게도)연착이었고, 급히 바뀐 열차의 환승역에서는 내 하차를 도울 어떤 직원도 오지 않았다. 떼제베는 특정한 열쇠로만 기차 입구를 평평하게 만들 수 있었다. 또다시 위산이 역류하는 느낌이 들었다. 그러면 그렇지. 파리 여행의 마지막이 위기와 실망으로 마무리되는 듯했다. 다행히 그곳에 사람들이 있었다. 나를 이 도시로 다시 돌아오게 할 사람들이.
 "우리가 너를 들게. 지금 같이 내리자!"
 환승하기 위해 내렸던 승객들 몇몇이 내리지 못한 나를 흘끔흘끔 돌아보다가 몽땅 기차에 올라탔다. 지금 내려야 한다며, 충분히 도울 수 있으니 함께 가자고 그들은 말했다. 하지만 기차는 좁았고 내 휠체어는 거대했다. 나는 특유의 '민폐 끼치고 싶지 않음' 방어기제를 작동시켰다. 괜찮다고 손사래를 치며 그냥 가라고 했더니, 그들이 입을 모아 말했다.

"너 지금 파리에 있잖아!You are in Paris!"

파리를 믿지 않는 파리지앵들이 고개를 절레절레 저었다. 그들은 우르르 다가와 금방이라도 나를 번쩍 들 듯 자세를 취했다. 그 순간 유난히 발랄했던 기장이 요정처럼 뽕 등장해 우리 뒤에서 말했다.

"다행히도, 내가 여기 있어!Luckly, I'm here!"

네에, 그거 참 다행이네요…. 기장이 버튼을 작동시켜 나는 참으로 '럭키'하게도 기차에서 무사히 내릴 수 있었다. 파리 여행은 끝까지 엉망이었다. 그러나 자유롭게 엉망이었다. 엉망이어서 어그러진 여행의 틈새마다 환대가 그 자리를 부드럽게 메웠다. 왠지 이 도시가 밉지 않았다. 다음에는 파리지앵들이 쉽게 들 수 있는 휠체어를 가져오리라 마음먹으면서, 무사히 기차를 갈아타 프랑스와 스위스의 국경을 통과했다. 마지막 남은 빵을 휠체어 주머니에서 꺼내 루와 나눠 먹었다. 파리의 퐁당 오 쇼콜라는 정말 달콤하고, 맛있었다.

그리고
아무 일도 없었다

파리의 격한 배웅을 뒤로하고 스위스에 도착했다. 배웅이 너무 격했던 나머지 아침부터 기차역에 나온 것이 무색하게 어느덧 저녁 여덟 시가 지나고 있었다. 제네바의 중앙역인 코르나뱅역을 나서자 또 다른 풍경이 펼쳐졌다. 역 바로 앞 도로에는 전선이 느슨하게 얼기설기 걸려 있었고, 그 선에 트램이 매달려 바삐 움직였다. 트램이 다니는 도시! 서울에서도, 파리에서도 보지 못한 광경에 국경을 건너왔다는 실감이 났다.

장시간의 이동과 일촉즉발이었던 기차 환승으로 인해 몸도 마음도 지친 우리는 이곳저곳 둘러보고 싶은 마음을 접어 두고 연수 기간 동안 머물 호스텔로 향했다. 트램은 처음이었지만 겁이 나지는 않았다. 낯선 대중교통의 옆구리에는 누구보다 익숙한 휠체어 마크가 큼지막하게 붙어 있었기 때문이다. 역시나 아무런 문제없이 편하게 트램에 올랐다. 기차에서 내릴 때부터 트램에 오를 때까지, 모든 순간이 매끄러웠다. 안전함. 스위스의 첫인상은 안전함이었다.

이후의 일정은 바쁘게 흘러갔다. 그렇지만 동시에 아무 일도 없었다. 아침에 눈을 뜨면 아무 일도 없이 하루가 시작되었다. 이른 시간부터 단체 일정이 있었지만 나 홀로 미리 택시를 예약하거나 길을 알아보느라 분주할 필요는 없었다. 소박하지만 정갈히 마련된 아침 뷔페에서 치즈 몇 조각과 소시지, 버터를 바른 빵을 먹고 방으로 돌아가 옷을 갈아입었다. 아침 집합 시간이 되면 숙소 앞에 모여 인솔 교수님과 인사를 나누고, 다 함께 천천히 걸어 버스 정류장으로 갔다. 혼자 다른 이동 수단을 이용하거나 다른 길로 바삐 굴러갈 필요 없이 버스가 오면 아무 일도 없이 버스를 탔다. 그렇게 열흘 간 가장 큰 국제기구인 유엔을 제집 드나들 듯 방문했다. 다른 곳으로 이동할 때는 같이 두런두런 이야기를 하며 길을 걸었다. 박물관을 구경하고 세미나를 하고 예쁜 노천카페에서 식사를 했다.

 버스 안은 유독 평화로웠다. 사람이 없어서가 아니라 사람이 가득 차 있어서 그랬다. 특히 바퀴 위의 사람들이 말이다. 늘 유아차와 휠체어가 꽉꽉 들어차서 테트리스하듯 자리를 마련해야 했다. 이 모든 일이 별일 아닌 일상이었다. 버스가 멈추면 유아차가 오르고, 그러면 나는 휠체어를 살짝 틀어 공간을 마련했다. 빈 공간에 주차를 한 보호자는 살짝 웃으며 감사를 표했다. 가끔 같은 브랜드의 휠체어를 탄 사람을 마주치기도 했다. 그럴 때 나는 엄지를 들어 보이며 "우리 휠체어가 같아요"하고 말을 건넸다. 왜 이 시간에 버스를 타냐는 실랑이도, 몸이 불편한데 버스를 타다니 대단하다는 감탄도 없었다. 그냥 그런 평범한 일상이었다.

저녁에 자유 시간이 주어지면 우리는 모두 희 언니의 제안에 따라(언니는 어릴 적 제네바에서 잠시 살았다) 베이비 플라쥬Baby-Plage라는 작은 호숫가로 달려가 종종 시간을 보냈다.

나는 열흘간 머물렀던 제네바를 베이비 플라쥬의 모습으로 기억한다. 아주 평온하고 잔잔한 호수의 모습으로. 아무 일도 일어나지 않고, 그래서 사랑스러웠던 곳으로. 베이비 플라쥬 근처 정류장에 내리면 잔디밭이 펼쳐진다. 거기서 조금만 더 안쪽으로 걸음을 옮기면 작은 모래사장이 나온다. 파란 물감을 떨어뜨린 것처럼 진한 물결이 밀려오고 다시 밀려간다. 그게 다였다. 그래서 좋았다. 그저 밀려드는 물을 가만히 보고 있으면 되는 곳. 우리는 보트를 타고 호수 위에 떠 있기도 했다. 구명조끼를 단단히 챙겨 입은 친구들은 보트를 타다 말고 호수로 뛰어들었다. 물장난을 치는 친구들을 보고 있자면 금세 시간이 흘러 해가 저물었다. 마치 주황빛 커튼이 푸른 호수 바로 위에 내려앉는 것처럼.

아무 일도 없었다. 평온했다.

임신한 사람과 할머니가 비키니를 입는 것이 아무 일도 아닌 곳. 모래밭과 풀밭에 옷을 벗고 자유롭게 누운 사람들을 보면 내가 어떤 일을 저질러도 별일 아니게 될 것 같아 후련했다. 어느 날은 함께 호수에 들어가자는 친구들의 말에 처음으로 고개를 끄덕였다. '민폐 끼치고 싶지 않음' 방어기제를 해제한 것이다. 민폐를 조금 끼쳐도, 그것 역시 이곳에서는 아무 일도 아닐 테니까.

휠체어를 호수 가까이 주차해 두고 루에게 손을 뻗었다. 그는 내가 그의 목을 껴안을 수 있게 허리를 굽혀 나를 그대로 안아 들고 호수로 걸어갔다. 멀리서 친구들이 우리를 놀리는 소리가 들렸다. 루가 나를 호수 바로 앞에 내려 주자 다른 친구들이 달려와 나를 부축하고 신발을 벗겼다. 누군가는 내 왼손을, 누군가는 오른손을, 또 다른 누군가는 내 허리를 붙잡고 다 함께 천천히 호수 안으로 걸음을 내디뎠다. 놀라울 정도로 푸르러 초록빛마저 감도는 물이 내 다리에 부딪혔다 스르륵 돌아갔다. 발가락 사이로 모래가 무너지는 느낌에 친구의 손을 세게 쥐었다.

어느덧 물살에 익숙해진 나는 스스로 서서 루의 팔만 꼭 잡고 있었다. 반복되는 일상은 재미없지 않냐고 떠들어 대던 나지만 예상대로 굴러가는 하루도 썩 나쁘지 않았다. 도무지 소식이 없는 장애인 콜택시를 기다리며 약속 시간에 늦을까 전전긍긍하지 않고, 버스에서 승차 거부를 당할까 두려워하지 않고, 가고 싶은 식당에 들어갈 수 있을까 미리 고민하지 않는 삶도 있을 수 있었다.

밀려왔다가 빠져나가는 물살에 기분이 좋았다. 언제까지고 호수에 발을 담근 채 있고 싶었다. 나가고 싶어지면 루는 다시 나를 안아 휠체어에 앉혀 줄 것이다. 우리는 모래를 털고 맨발로 뜨끈한 돌바닥을 거닐다 다시 신발을 신는다. 근처 맛있는 피자집에 가서 저녁을 먹은 뒤 해가 지면 버스를 타고 돌아가 샤워를 하고 잠이 든다. 내일도 같은 하루가 이어질 것이다. 내가 원하면 언제든 다시 호수에 들어갈 수 있다.

유럽의 지붕에서 웃으며
미끄러지는 법

이른 아침, 눈이 번쩍 뜨였다. 오늘은 스위스의 수도 베른으로 가는 날이다. 정확히는 융프라우에 오르기 위해 베른에 먼저 들린다. '유럽의 지붕Top of the Europe'이라는 문구로 사람들을 현혹하는 바로 그곳. 한여름에도 만년설이 가득 쌓인 유럽의 꼭대기로 간다.

파리에서의 경험을 교훈 삼아 기차에서의 어시스트를 일찍 예약해 두었기 때문에 제네바에서 베른으로 가는 일은 아주 순조로웠다. 미리 도착한 휠체어 리프트를 타고 기차에 올랐다. 그때, 기차에 붙은 안내문이 눈에 들어왔다. '기대지 마시오' 따위의 사소한 문구였는데 웬일인지 그 길이가 주절주절 네 줄이나 되었다. 알고 보니 그 간단한 문장이 네 가지의 언어로 쓰여 있었다. 스위스는 공용어가 네 개라 남서쪽 끝에 있는 제네바는 불어를, 그보다 훨씬 북쪽에 있는 베른은 독일어를 주로 사용한다고 했다. 파리에서부터 줄곧 써와서 이제는 고수가 된 불어, 봉주르(안녕하세요), 메르씨(감사합니다), 익스큐제 모아(실례합니다), 뻬흐동(죄송합니다)을 잠시 잊고 독일어를 할 줄 아는 친구에게 새로운 언어를 배웠다. 구텐탁(오후 인사), 당케 슌(고맙습니다), 엔 슐디궁(실례합니다). 구텐 탁, 당케 슌, 엔 슐디궁…. '미안합니다'는 너무 어려워서 외울 수조차 없었다. 어떤 어조로 내뱉어야 하는지 감이 잡히지도 않는 언어를 입안에서 굴리며 베른에 도착했다.

융프라우에 가기 위해서는 베른을 거쳐 인터라켄으로 가서 새로 티켓을 구매하고, 그린델발트를 지나 새로 만들어진 곤돌라 '아이거 익스프레스'를 타야 했다. 워낙 유명한 관광지이기 때문에 한국에서도 휠체어를 타고 융프라우에 오른 몇몇 사람의 이야기를 전해 들었다. 그러나 파리에서 겪은 수많은 난관으로 걱정이 앞서 콜센터와 몇 번이나 통화했다. 무사히 다음날 어시스트를 등록하고, '융프라우에 오르는 데 문제는 없을' 것이라는 답변을 들었다.

하루 동안 베른을 구경하고 다음 날 아침 일찍 일어나 설산에 오를 준비를 했다. 정상에 오르면 꽤나 춥다는 말에 바람막이도 하나 챙겼다. 걱정과 달리 수월하게 기차를 타고 인터라켄까지 갈 수 있었다. 가장 좋았던 것은, 두 개의 티켓을 달라는 나와 루의 말에 '여성분은 휠체어를 타고 있으니 무료 입장이 가능하다'는 말을 들었을 때였다. 정가로 하면 거의 30만 원 돈의 티켓이라 꽤나 긴장을 하고 카드를 내민 참이었다. 우리는 그 말을 듣자마자 티켓 부스 앞에서 잠깐 춤췄다. 햄버거 한 세트에 3만 원이 훌쩍 넘는 스위스의 물가에 지쳐가던 우리에게는 복권 당첨 같은 기쁨이었다.

2020년에 운행을 시작했다는 곤돌라는 좌석을 모두 접을 수 있어 200킬로그램이 넘는 전동 휠체어도 수월하게 탑승 가능했다. 그날은 날씨가 정말 맑았다. 맑고 화창한 날씨에 융프라우에 오르기 위해서 그린델발트에 며칠이고 머무르는 사람들도 많다고 들었는데 정말 운이 좋았다. 곤돌라 안에서 바라보는 설산의 풍경은 현실감이 없었다. 탁 트인 짙은 초록빛의 산이 끝없이 펼쳐지다가, 곤돌라가 점점 위로 올라갈수록 나무는 적어지고 석산이 되면서 어느새 그 돌을 빼곡히 덮은 새하얀 눈밭이 나타났다. 사랑하는 사람들의 얼굴이 떠올랐다. 꼭 여기 데려와서 이 풍경을 함께 보고 싶었다.

곤돌라는 산 중턱에 우리를 내려 주었다. 그곳에서 정상으로 가는 기차를 기다리는 동안 잠시 정거장 밖으로 나섰다. 시원한 기운이 훅 몰려오며 설산의 풍경이 광활하게 펼쳐졌다. 울퉁불퉁하게 깎인 바위산의 주름 틈새에는 새하얀 눈이 잔뜩 끼어 있었다. 내가 이곳에 올라오다니. 그것도 이 거대한 휠체어를 타고. 설렘과 고산병으로 심장이 세차게 뛰고 숨이 가빠 왔다. 조금만 움직여도 숨이 차서 휠체어를 탄 것이 오히려 다행이라고 생각했다. 내가 걷는 사람이었다면 정상에 가 보지도 못하고 쓰러졌을 게 분명하다.

다시 한번 짧게 기차를 타면, 드디어 정상이었다. 기차에서 내려 곧장 전망대로 가자 아무도 밟지 않은 새하얀 눈밭이 눈 한가득 들어왔다. 이곳은 해발 3454미터. 잠시나마 세상에서 가장 높은 곳에 있는 휠체어 이용자가 되었다 생각하니 괜히 무언가를 이룬 기분이었다(물론 휠체어 이용객은 그날도 나 하나가 아니었으므로 공동 1등인 셈이다).

융프라우에 온 사람들이 모두 사진을 찍는, 거대한 스위스 국기가 세워진 눈 언덕에는 오르지 못했다. 해가 너무 화창한 나머지 정상의 눈이 조금 녹아 휠체어로 오르기는 위험해 보였기 때문이다. 위험을 감수하는 것도 즐기는 나지만, 스위스의 산꼭대기에서 미끄러져 죽고 싶지는 않았다. 카메라와 캠코더를 루에게 맡기고 언덕 입구에서 그를 기다렸다. 그런데 아까 길을 알려 주었던 직원 밥이 다가와 내게 물었다.

"아이스 팰리스 가 봤어?"

"아니? 거기 바닥도 전부 얼음이지 않아?"

"내가 밀어 줄게. 가 보자!"

아이스 팰리스는 융프라우 전망대 관광 코스 중 하나인데 모든 곳이 얼음으로 이루어진 작은 터널이다. 갑작스런 그의 제안에 당황하기도 잠시, 그는 운행되지 않던 엘리베이터를 작동시키더니 얼른 타라며 손짓했다. 엘리베이터에서 내리자 아이스 팰리스의 뒷문이 나타났다. 정문은 계단이 몇 칸 있기에 이곳으로 데려온 듯했다. 그가 문을 열었을 때 아주 좁은 통로와 완전히 얼음으로만 이루어진 바닥에 나는 얼고 말았다.

"못 갈 것 같은데…."

"해 보자!"

밥은 내 뒤로 오더니 휠체어 손잡이를 단단히 잡았다. 그래, 여기까지 왔는데 돌아가기도 그렇지. 입을 앙다물고 뒷문으로 휠체어를 몰았으나 아니나 다를까, 안으로 들어가자마자 바퀴는 미끄러지며 공회전하기만 할 뿐 앞으로 나아가지 않았다. '괜히 오겠다고 했나 봐!' 내가 관람객들에게 방해가 되지는 않을까. 그가 무안하지는 않을지 별 생각을 다 하며 잠시 패닉에 빠진 동안 그는 미끄러지면서도 휠체어를 끙끙대며 힘껏 밀었다. 육중한 휠체어가 움직이기 시작했다. 바퀴가 움직이는 것이 아니었다. 그냥 바닥이 얼음이라 그 상태로 주우욱 밀리기 시작한 것이다. 나는 비명을 지르면서 컨트롤러로 방향을 조절하고 밥은 계속 휠체어를 밀다가 나중에는 썰매 타듯 휠체어와 함께 미끄러졌다.

"보기보다 무겁네!"

그는 이렇게 말하며 까르륵 웃었다. 너무 전통적인 의성어 아닌가 싶지만, 정말 그렇게 웃었다. 마치 스펀지밥 같았다(이것이 내가 기억나지 않는 그의 이름을 밥으로 정한 까닭이다). 휠체어가 가지 못하는 정문 쪽 계단에 도착해서야 우리는 천천히 멈추었다. 그는 사람들에게 잠시 비켜달라고 말하며 포토존을 찍으라는 세심함까지 보여 주었다. 그리고 다시 주우욱, 우리는 뒷문으로 미끄러져서 나갔다. 내 비명 소리와 밥의 부서지는 웃음소리가 얼음에 부딪혀 다시 돌아오며 웅웅 울렸다.

고작 얼음 터널을 지나오기만 했는데도 긴장으로 땀이 뻘뻘 흘렀다. 고마워. 네가 아니었으면 여기 오지 않았을 거야. 우리는 함께 해냈다는 묘한 흥분감으로 헥헥대면서 하이파이브를 했다. 같이 셀카도 찍었다. 그날 드넓은 설산을 마주한 것만큼 그와 좁은 얼음 복도를 역주행한 순간이 행복했다. 밥의 얼굴을 아직도 기억한다. 유명한 관광지나 끝내주는 저녁 식사를 했던 맛집의 이름은 쉽게 잊어도, 선뜻 다가온 사람의 얼굴은 쉬이 잊히지 않는다. 나에게는 융프라우가 그랬다. 새하얀 눈밭이나 접근성 좋은 곤돌라도 무척 인상 깊었지만, 밥과 웃으며 미끄러진 얼음 바닥이 참 좋았다. 알프스는 내게 그런 곳이다.

무슈, 무슈!

왜 인생은 늘 이럴까. 마치 "해치웠나?"라고 말하기만 하면 다시 일어나는 액션 영화의 악당처럼, 왜 잠깐 마음을 놓으면 더 큰일이 터지고야 마는 것일까. 안전하고 평온하다고 결론 지은 이곳을 떠나는 날, 스위스는 나에게 새로운 얼굴을 보여 주었다.

열흘간의 연수가 끝났다. 스위스 방문의 목적은 여행이 아닌 연수였기에 대부분의 시간을 국제기구에서 보냈다. 이제는 다시 여행 모드로 전환해 독일의 프랑크푸르트로 갈 차례다. 기업에 인턴으로 취직한 루는 먼저 한국으로 돌아가야 했다. 원래는 혼자 독일을 여행할 계획이었는데 엄마가 갑자기 독일행을 선언했다. 엄마가 오는 것은 조금 뒤의 일이므로 일단 미루어 두고 독일로 향할 때 생겼던 잊지 못할 일을 이야기하고 싶다.

늘 기차가 그리고 국경을 건널 때가 문제였다. 프랑크푸르트로 가기 위해서는 스위스 기차인 SBB를 타고 가다가 독일 기차인 ICE로 갈아타야 했다. 환승을 두 번이나 해야 했던 지난한 여정에 어시스트 신청이 헷갈려서 SBB

에도 ICE에도 전화를 돌렸다. 이제는 콜센터와의 30분 넘는 통화도 익숙했다. 다른 것보다도 콜센터와 전화하느라 영어 실력이 한층 는 것 같았다.

오랜 통화를 했으나 내 탑승 정보가 잘 전달되었을지는 확실하지 않았다. 하지만 거의 2주간 유럽에 머물면서 깨달은 바가 있다면, 걱정은 소용없고 뭐든 일단 부딪혀 봐야 안다는 사실이었다. 아침 일찍 짐을 싸 체크아웃을 하고 바로 기차역으로 향했다. 제네바역에서의 탑승은 아무 문제없었다. 그러나 첫 번째 환승역에서부터 무언가 삐걱이기 시작했다. 리프트를 준비해 주는 직원이 왜인지 오지 않아 지나가던 다른 직원에게 도움을 구해야 했다. 조금 긴장했지만 어쨌든 하차에는 문제가 없었기에 대수롭지 않게 생각했다. 그러지 말았어야 했는데….

한참을 달려 두 번째 환승역에 도착했다. 이곳은 스위스의 마지막 역. 여기서 프랑크푸르트까지 쭉 들어가는 독일 기차로 환승해야 했다. 승객들이 모두 내리고 기차 문 앞에서 리프트를 기다리는데 시간이 꽤 흘러도 아무도 오지 않았다. 다행히 이쯤은 파리에서 늘 겪었던 일이기에 크게 당황하지 않을 수 있었다. 하지만 불행하게도, 파리에서의 담금질은 평정심을 유지하는 데 도움이 되었으나 너무 평온했던 나머지 우리는 한 번 더 환승해야 한다는 사실도 까먹고 말았다.

　7분 정도가 지나서야 빈 기차를 정리하던 다른 직원이 우리를 발견하고 리프트를 가지고 왔다. 하차와 동시에 깨달았다. 기차는 언제까지고 그 자리에 있지 않다는 사실을…. 어쩐지 잘 풀린다 했다! 최고 속도로 달려 엘리베이터를 잡고 발을 동동 구르며 겨우 환승 플랫폼에 도착했지만, 우리가 탈 예정이었던 독일행 기차는 거짓말처럼 막 속도를 내며 정거장을 빠져나가고 있었다.

　망했다. 루는 오후 비행기를 탈 예정이었고 나도 그 공항에서 엄마를 만나야 했다. 잠시 눈앞이 깜깜해졌지만 어물거릴 시간이 없었다. 바로 위층의 안내 센터로 달려가 안내원에게 말을 쏟아 내기 시작했다. 이번에 말을 불쑥 꺼낸 사람은 루가 아니라 나였다.

　"프랑크푸르트로 가는 기차로 환승해야 했는데 리프트가 오지 않아서 기차를 놓쳐 버렸어요. 리프트 신청을 미리 했는데, 왜 아무도 오지 않았죠? 3시까지는 공항에 가야 해요. 다른 방법이 있나요?"

　안내원이 아주 심드렁한 표정으로 자신은 모르는 일이라고 응수했기 때문에 부러 표정을 굳히고 해결책을 달라고 단호하게 말했다. 그는 사정을 듣더니 느릿느릿 무료 표 두 장을 뽑아 우리에게 건넸다.

"7번 플랫폼으로 가서 바젤 바디셔역으로 가는 기차를 타세요. 거기는 독일이 운영하는 역이니까 거기서 다시 문의하세요."

"그 기차는 접근 가능^{accessible}한가요?"

"네."

우리의 상황을 별일 아니라는 듯 취급하는 태도가 마음에 들지 않았지만 마땅히 다른 방법이 없었다. 우리는 무료 표를 받아 들고 7번 플랫폼으로 뛰었다. 다행히도 직원의 말처럼 계단이 없는, 지하철 같은 기차가 도착했다. 우리는 안도의 한숨을 쉬며 기차에 올라탔다.

"진짜 별일을 다 겪네!"

기차에 오르고 나서야 어쨌든 수습했다는 생각에 웃음이 터졌다. 곧이어 바젤 바디셔역에 도착한다는 안내방송이 나왔다. 내릴 채비를 하고 문 앞에 섰다. 이제 여기서 다른 기차로 환승하면 무사히 공항에 갈 수 있다. 그리고 문이 열렸을 때, 우리는 최악의 역과 마주했다.

플랫폼이 기차보다 높았다.

이 점이 얼마나 큰 문제인지는 거대한 휠체어를 탄 독

자라면 공감할 것이다. 차라리 파리에서처럼 기차가 플랫폼보다 훨씬 높은 상황에서는 교통사고급의 허리 아픔을 감내하고 뛰어내릴 수라도 있다. 하지만 기차가 플랫폼보다 낮다면 휠체어가 공중부양하지 않고서야 기차에서 내릴 방법이 없다. 설상가상으로 이곳은 종착역이 아니었기에 여기서 내리지 못한다면 기차는 우리를 태우고 모르는 지역으로 떠날 것이다. 거기서 프랑크푸르트로 갈 방법은 전혀 알 수 없었다. 문이 열리고 그 높은 홈을 본 이후로 시간이 멈춘 듯했다.

그때였다.

"무슈!"

루의 목소리였다. 그는 내가 그를 알던 시간 동안 들어본 적 없던 가장 큰 목소리로 '무슈'라고 소리 지르며 기차 복도를 이리저리 뛰어다니기 시작했다. 2주간의 유럽 여행으로 잔뼈가 굵어진 사람은 나뿐만이 아니었다. 그가 '신사 분'이라고 소리치며 온 기차의 남자들을 모으고 있었다. 삽시간에 무슈들이 모여들었다. 내 앞에는 역에서 담배를 피우던 만취한 무슈와 뽀글머리 젊은이 무슈가, 오른쪽에는 베레모를 쓰고 정장을 입은 무슈가, 왼쪽에는 영문을 모르고 일단 다가온 할아버지 무슈가 있었다. 루

루는 내 뒤에서 무슈들에게 휠체어를 잡으라고 진두지휘하며 기합을 넣었다.

"원, 투, 쓰리!"

무슈들의 기합(내지 신음)과 함께 나와 휠체어가 들어올려지기 시작했다. 네 명의 무슈가 도합 240킬로그램이 넘는 우리를 기어코 플랫폼 위로 올렸다(왜 네 명이냐면, 거나하게 취한 상태로 다가오던 무슈는 바지가 벗겨지는 바람에 나와 어색한 아이 컨택만 하고 다시 자리로 돌아갔기 때문이다). 지금 내게 무슨 일이 일어나고 있지? 어안이 벙벙했다. 우리가 내리지 못할 뻔했던 기차가 출발하고 무슈들은 허리 숙여 감사를 표현하는 우리를 보며 자기들도 얼떨떨한 표정으로 흩어졌다.

정신을 차리기도 전에 엘리베이터를 찾아 이리저리 뛰어다니자 어디선가 역무원이 나타나 우리에게 프랑크푸르트로 가는 기차를 타는 승객이냐고 물었다. 고개를 끄덕이자 급히 어느 곳으로 안내했는데, 어찌된 영문인지 우리가 놓친 바로 그 기차가 다른 플랫폼에 서 있었다. 심지어 이미 리프트까지 연결된 채로. 빨리 타라는 안내에 서둘러 탑승하자마자 기차는 출발했다. 언제 어느 역으로 올지도 모르는 우리를 기다렸던 것일까? 아직도 이 일은 미스터리다.

무사히 기차에 오르고 목적지가 맞는지 확인하자마자 긴장이 풀렸다. 도대체 10분 동안 우리에게 무슨 일이 일어났는지 알 수 없었다. 나는 처음 들어 본, 루의 "무슈!" 울부짖음이 귀에 계속 맴도는 듯해 깔깔 웃었다. 루는 그 와중에 모든 무슈의 생김새를 관찰한 내 이야기를 들으며 웃음을 터뜨렸다. 어떻게 된 일인지는 모르겠지만 어쨌든 우리는 또 무언가를 해냈다. 파리에서 기차만 타면 가시를 세우던 그도 패닉으로 위산 역류를 느끼던 나도 없었다. 독일로 향하는 기차 안, 기차 화통 같은 목소리를 낼 줄 알게 된 그와 영어로 따박따박 따질 줄 알게 된 내가 와하하 웃고 있었다.

엄마가 독일로 온다

프랑크푸르트공항, 루를 배웅하고 게이트 E의 벤치에서
엄마를 기다리며. 휴대폰 메모장

엄마가 독일로 온다.

프랑크푸르트공항에서 엄마를 기다리고 있다. 엄마는 한 시간 내로 이곳에 도착할 예정이다. 엄마가 지금 내 꼴을 보면 분명 뭐라고 할 것 같다. 2주간의 프랑스와 스위스 여행을 끝낸 참인 나는 200킬로그램짜리 전동 휠체어에 앞, 뒤, 밑, 옆 할 것 없이 짐을 주렁주렁 달고 있다. 휠체어 탄 집시가 있다면 딱 나 같은 모습일 텐데.

공항 벤치 쪽에 휠체어를 세워 두고 가족 메신저 방을 열어 아빠가 보낸 사진을 봤다. 이른 새벽, 공항버스 정류장에서 찍은 엄마의 모습이었다. 주황색 오버 사이즈 반소매 티와 청바지를 입고 하늘색 캐리어를 한 손으로 꼭 붙든 엄마. 아빠와 엄마의 키 차이가 20센티미터도 넘는 탓에 하이 앵글인 사진에서 엄마는 더 작고 조그맣게 보였다. 브이를 하고 웃고 있지만 입은 앙다물어 살짝 긴장한 얼굴. 작고 겁먹은 햄스터 같아 보였다.

우째 너보다 더 불안하냐

사진과 함께 온 아빠의 메시지를 읽었다. 실은 나도 꽤나 긴장하고 있던 참이었다. 엄마는(내가 알기로는) 내가 생기고 나서 한 번도 혼자 여행해 본 적이 없었다. 엄마는 겁도 많은 사람이다. 새로운 것에 몸을 던지기보다는 벌어질 수백만 가지 위험을 먼저 떠올리고 마는 그런 사람.

그런 엄마가 독일로 온다. 나 하나 때문에 비행기를 열네 시간 타고 이곳으로 온다. 에프오알티알에이브이이엘. 포 트래블. 투 밋 마이 도터. 입국 수속에서 엄마가 답해야 할 만한 문장을 영어와 한국어 발음으로 적어 보냈다.

프랑스와 스위스에서는 루와 함께였지만 독일에 머무는 동안은 온전히 나 혼자일 것이다. 아니, 그럴 계획이었다. 엄마가 이곳으로 오기로 결심한 탓에 루를 한국으로 보내고 엄마를 기다리는 프랑크푸르트공항에서의 세 시간 정도만 혼자이게 되었다. 엄마가 정말 독일에 오고 싶다면 오고, 나를 돌보기 위해서라면 오지 말라고 누차 말했지만 엄마가 어떤 마음으로 비행기를 탔는지는 모를 일이다.

엄마는 독일 관광을 하고 싶어서 짐을 챙겨 혼자 독일로 온다.

엄마는 잘 걷지도 못하고 물건도 간수하지 못하고 짐도 잘 못 챙기는 딸내미가 홀로 여행할 것이 걱정되어 훌쩍 독일로 온다.

첫 번째 문장은 금세 진심이 동이 나 끊겨 버렸는데, 두 번째 문장은 세 시간을 이어 말하래도 할 수 있을 것 같다. 엄마는 나를 낳은 이후 수많은 걱정으로 살았고, 그 걱정이 동력이 되어 작용하는 돌봄의 힘으로 살았다. 내가 독립한 이후 갑자기 할 일이 없어진 엄마는 그 힘을 잃고 방황하는 듯 보이기도 했다. 지금 엄마는 다시 그 힘으로 이곳에 오고 있는 걸까.

나를 돌보러 오는 작고 겁먹은 엄마의 사진을 다시 봤다. 그리고 유럽이 처음일 엄마를 위해 관광지와 맛있는 식당의 위치를 지도에 저장했다. 영어도 잘 못하고 외국인을 보면 겁부터 먹는 엄마, 새로운 게 무서운 엄마, 타지에서 길을 찾지 못하는 엄마를 잘 돌보고 싶어 나는 촘촘하게 닷새를 상상한다.

내가 돌보고 싶은 엄마가 나를 돌보러 독일로 온다. 빨리 엄마를 만나고 싶다.

돌봄과 쓸모

이 글을 어떻게 시작해야 하나 고민이 깊었다. 엄마에 대해 쓰고 싶은데, 어떻게 써도 구린 글이 될 것 같았기 때문이다. 어쩌면 엄마의 이야기를 하는 일은 얼마간 구려질 수밖에 없지 않을까? 심지어 장애가 있는 딸이 엄마의 이야기를 하는 경우는 더 녹진하게 구리지 않은가? 어떻게 써도 **나 때문에 고생한 우리 엄마**를 묘사하는 글에서 벗어나지 못할 것만 같다. 이 글을 쓰는 지금, 마치 소나 개나 아무튼 누군가의 응가가 여기저기에 있는 길 한복판에 서 있는 기분이다. 바퀴를 이리저리 굴려 보아도 결국 구린 것을 밟게 된다. 길에는 냄새나는, 쭉 미끄러진 바퀴 자국이 남는다. 피하려고 노력한 탓에 경로는 어지러워지고 엉망이 된다. 그렇게 구릴 수밖에 없는 이야기를 꺼내면서 대놓고 제목에 **돌봄**을 쓰다니, 최악이다. 그리고 나는 지금 이 모든 일을 다 하고 있다.

    그럼에도 불구하고 여행 내내 내게 감돌던 미묘한 만족감을 고백하고야 말겠다. 딸이 엄마에게 갖는 그 구리구리한 마음을, 돌봄 받는 사람이 주는 사람에게 느끼는

꼬릿한 정복감을. 조금이라도 덜 구려지기 위해 나는 종종 글에서 엄마라는 표현 대신 그의 이름을 쓴다. 이 방법이 이번에도 통할지는 모르겠다.

*

　현미가 독일로 온다고 했을 때 사실 반갑지 않았다. 고작 5일을 위해 왕복 24시간을 꼬박 비행기에서만 보낼 여행을 왜 시작하는지 납득이 되지 않았다. 현미는 "나도 독일 여행 하고 싶었어"라고 했지만, 그 말이 나한테는 '너를 혼자 두면 불안해 죽겠어'로 들렸다. 현미는 내가 기방을 싸지 못할까 봐, 소매치기나 강도를 당할까 봐, 내 휠체어가 고장 날까 봐, 아플까 봐, 샤워를 하다 미끄러져 넘어질까 봐, 옷을 제대로 챙겨 입지 않을까 봐 걱정했다. 출국 직전까지 텅 빈 캐리어를 펼쳐 두고 아무 생각이 없는 나를 대신해 비상 상비약을 종류별로 꾹꾹 챙겨 넣고 소매치기가 절대 훔쳐 가지 못한다는 못생긴 가방을 사준 이유도 현미의 무수한 걱정 중 하나였을 것이다.

　그렇기에 현미의 독일행은 여전히 독립하지 못하는 딸을 돌보러 오는 엄마의 과보호 같았다. 무엇보다 이제

스스로 많은 일을 할 수 있는 나를 잃는 듯해 달갑지 않았다. 겨우 가족 없이 이 멀리까지 왔는데, '다시 도움이 필요한 장애인'으로 돌아가라니. 엄마 없이는 할 줄 아는 게 없는 애처럼 보나 싶어 기분이 나쁘기도 했다. 물론 현미가 독일에 도착하고 내가 제일 많이 한 말은 세면대에 축 걸쳐져서 은밀하게 내뱉는 이 요청. 약간 불쌍하고도 애처로운 말투가 포인트. 엄마 나 세수시켜 줘엉….

어쨌든 현미의 독일행은 결정되었다. 그 결정에 툴툴거리기도 했지만 시간이 지날수록 이곳에 오는 현미를 점점 촘촘히 상상하기 시작했다. 좋은 풍경을 마주칠 때마다 현미에게 보여 주고 싶다고 생각했다. 생소하고 맛있는 음식을 먹을 때면 독일에 가서도 비슷한 음식을 찾아 먹여야겠다고도 다짐했다. 현미의 도착이 가까워지면서 우려하는 마음도 불어났다. 걱정도 불안도 많은 나의 현미 씨. 외국인에게 살짝 겁을 먹는 경향이 있는 현미 씨가 이곳에 혼자 잘 올 수 있을까 걱정스러웠다. 프랑크푸르트에 도착한 후로는 온통 현미 생각뿐이었다. 수속은 잘 밟을지, 허둥대다가 여권을 잃어버리지는 않을지, 맞는 게이트로 나올 수 있을지 아주 떨렸다. 현미를 떠올리며 이렇게 걱정한 순간이 또 있었나? 어쩌면 걱정하는 마음은 잘 돌보고 싶은 사람에게 향하는 마음일지도 모르겠다.

　메모장에 짧은 일기를 쓰고, 기다림이 조금 지겨워질 때쯤 비행기가 착륙했다는 알림이 떴다. 급히 그가 내릴 게이트로 휠체어를 몰았다. 안절부절하며 한참을 서성이고 있으니 현미가 조금 상기된 얼굴로 게이트를 빠져나왔다. 한 손에 캐리어를 끌고 다른 손으로는 내 것과 같은 못생긴 힙색 끈을 꼭 쥔 그를 뒤에서 왁, 하고 놀래켰다. 현미가 처음 한 말은 "너 꼴이 그게 뭐니"였다. 바로 "나쁜 말을 하면 여기에 엄마를 버리고 가겠다"고 응수했다. 협박으로 첫 마중을 열고 말았지만 이곳까지 온 현미가 너무 자랑스러웠다. 해냈구나, 우리 엄마!

　그날만큼은 숙소로 가는 최적의 루트를 이미 꿰고 있었다. 공항에서 버스를 타고 기차로 갈아타 프랑크푸르트 중앙역으로 향하기만 하면 되는 경로였다. 공항에서 버스를 기다리는데, 현미는 혹시 기사가 나를 버스에 태워 주지 않을까 봐 허둥지둥 줄 앞으로 가려고 했다. 그런 현미의 손목을 잡고 가만히 있으라고 그를 다독였다. 뭐든지 척척 하는 모습을 보여 주고 싶었다. 엄마, 긴장하지 마. 여기는 다 저상 버스야. 부러 과장된 몸짓으로 기사와 인사를 하고 열린 경사로를 따라 버스에 올라탔다.

 기차역에서는 기차 앞에 서 있으면 기관사가 경사로를 설치해 준다고 안내받았다. 현미는 캐리어를 끌고 내 뒤를 졸졸 따라오며 하나하나 감탄했다. 여기는 기관사가 직접 경사로를 내려 주네. 기차 좌석이 이렇게 접히니까 너무 좋다. 영상 좀 찍어 봐. 이런 거 왜 우리나라에서는 안 하는 거야. 이러면 휠체어도 다 탈 수 있는데.

 프랑크푸르트 중앙역에는 홈리스랑 마약한 사람들이 많대. 안 좋은 정보만은 기가 막히게 잘 기억하는 현미는 역에 내리자마자 눈에 띄게 긴장해 내 휠체어 팔 받침을 꼬옥 잡았다. 역을 나서자 과연 쓰레기가 이리저리 굴러다녀 지저분해 보이기는 했다. 거리 중간중간 사람들이 앉아 있기는 했지만 위협적인 행동을 할 것 같지는 않았다. 엄마, 휠체어 좀 잡지 마. 운전하기 힘들어. 현미에게 핀잔을 주면서도 부러 씩씩하게 길을 찾아 호텔로 향했다. 그때 내 마음속은 새로운 나라에 도착했다는 설렘이나 긴장보다도 내 옆의 작은 여자를 잘 챙겨야 한다는 굳은 심지로 가득했다.

 우리가 지나가야 하는 골목에는 스피커로 노래를 크게 틀어둔 채 기댈 만한 벽이며 난간마다 기대어 있는 젊은이 무리가 있었다. 무서워! 현미가 다시 내 휠체어 손잡이를 꼭 잡고 눈을 내리 깐 채 다른 손으로는 캐리어를 꾹 잡았다. 엄마 괜찮아. 여기도 다 사람 사는 곳이야. 그리고 장애인은 잘 안 건드리더라…. 함께 연수에 참여한 언니들이 100만 번의 유럽 캣콜링 경험을 이야기할 때, 무려 캣콜링 단독 1회 경험이 있는(편견이 꽤나 없는 아저씨였을지도) 나의 빅 데이터로 엄마를 안심시켰다. 현미는 그 외에도 왠지 모르게 도로에 낭자하게 널브러진 술병에 한 번, 허름한 숙소 엘리베이터에 한 번 놀랐지만 대견하게도 나의 인솔에 잘 따라 주었다. 우리 딸이 다 컸네. 외국에서 길도 잘 찾고. 그렇게 말하기도 했다. 떨려서 비행기에서는 한숨도 자지 못했다는 현미를 겨우 눕히고, 나도 옆에 벌렁 누워 휴대폰으로 다음날 갈 여행 코스를 정리했다.

가만히 눈을 감고 모로 누워 있는 현미를 잠시 살폈다. 동그란 얼굴에 오밀조밀한 이목구비를 가진 현미는 긴장해서 움츠러든 모습이 영락없는 햄스터였다. 이렇게 겁이 많으면서 나를 어떻게 키운 걸까, 생각했다. 다른 아기들처럼 목을 가누지도 못하고 걷거나 뛰지도 못하는 여자애를 어떻게 겁먹지 않고 키웠을까. 넘어져서 머리를 세 번이나 깼고 여전히 곳곳에 멍을 달고 사는 애와 떨어져 지내는 데는 얼마나 큰 결심이 있어야 했을까. 몸이 불편하다는 이유로 못되게 굴던 사람들한테는 어떻게 그렇게 큰 소리로 싸웠을까, 무서워서.

가늠하려 해도 할 수 없을 테다. 내가 할 수 있는 일은 맛있는 레스토랑 예약하기와 멋진 관광지 찾아 두기 그리고 사실 못 알아들었지만 알아들은 척 멋지게 의사소통하는 연기력 준비하기 정도였다. 투덜이 현미 씨가 투덜대지 않을 정도로만 걷고, 너무 느끼한 음식은 피하고, 적당히 쉬고도 적당히 둘러볼 수 있는 계획을 세웠다. 혼자서 척척 외국인과 소통하는 딸의 모습을 보여 주기 위해 생활 독일어 문장도 외웠다. 이곳에서만큼은 내가 엄마를 잘 돌보고 싶었다.

독일 여행은 그렇게 흘러갔다. 나는 현미와의 여행 내내 레이더를 곤두세우며 한발 앞을 생각했다. 혼자 여행했다면 가지 않았을 관광지들을 찾아다녔다. 앞에서 사진을 찍으면 부자가 된다는 프랑크푸르트 거대 유로화 조형물도 보고, 포도밭이 광활하게 펼쳐진 뤼데스하임에 가서 케이블카를 타기도 했다. 이제는 이름이 기억나지 않는 여러 성당에도 들어가 보았다. 기차를 타고 뮌헨으로 가서 하루 종일 도시를 돌아다녔다. 관광지스러운 곳에 갈 때마다 현미의 사진을 찍어 주었다. 수백 명이 한꺼번에 맥주를 마시고 독일 전통 음악이 시끄럽게 울려 퍼지는 호프브로이 하우스도 갔다. 역 근처 맛집에서 슈바인학센도 나누어 먹었다.

투덜이 현미 씨와 싸우지 않을까 걱정했는데, 독일 여행 시작 전 말을 듣지 않으면 독일의 어느 역에 엄마를 버리고 가겠다고 한 협박이 잘 먹혔는지 그는 한 번도 불만을 표하지 않았다. 반대로 말하면, 정말 그 장난 같았던 협박이 통할 정도로 현미는 나에게 많이 의지했다. 표를 끊는 일도, 물건을 사는 일도 내가 도맡았다. 심지어 어떤 음식을 먹을지도 내가 정했다. 가끔 역무원 같은 사람이 현미에게 말을 걸면 현미는 그 사람 눈도 마주치지 않고 바로 나만 쳐다봤다. 마치 햄스터가 무언가에 놀라 같이 사는 사람을 빤히 쳐다보는 것처럼.

기분이 묘했다. 타국에서나마 겨우 엄마를 돌볼 수 있는 사람이 되었다는 사실이. 루와의 일본 여행이 생각났다. 일본어를 한 마디도 알아듣지 못하는 그에 비해 나는 생활 일본어를 할 줄 아는 편이라 3박 4일의 일정 내내 여행을 리드했다. 그때 나는 꽤 흡족했다. '나에게 의존하는 가여운 남자…' 이런 음흉한 생각도 했다. 현미와의 여행도 마찬가지였다. 함께 있을 때 늘 도움받는 존재로 남다 보니 엄마가 독일 여행 내내 내게 의지한다는 사실이 좋았다. 하지만 동시에, 아주 강렬하게 인정받고 싶은 나를 발견했다. 쓸모 있는 존재임을 증명하고 싶은 나. 몸이 불편한 딸임에도 불구하고 똑똑해서 엄마를 챙길 수 있는 나. 일본어와 영어를 못했다면 나는 여전히 도움받는 존재로 남았을까. 나는 그런 나를 받아들일 수 있었을까.

 결론을 내지 못한 채로 독일 여행이 빠르게 흘러갔다. 마지막 순간까지 현미를 열심히 챙겼다. 인정받고자 하는 마음도 그대로였다. 그 마음이 내게 어떤 영향을 미칠지, 옳은지 그른지 바로 결론을 내릴 수는 없었다. 현미가 나를 믿음직하고 똑똑한 딸로 바라봐 주었으면 좋겠다고 생각하면서도 내 쓸모를 매번 증명할 필요는 없기를 바랐다. 여전히 안전하게 어리광 부리고 싶었다. 한국에 돌아와 엄마가 캐리어를 풀어 줄 때까지 며칠이고 손을 대지 않은 것은 그 이유에서였다. 정말이다.

쓰글~

유럽은 인종차별이 심하다는데 괜찮으셨어요?

유럽 여행 영상을 편집해 유튜브 채널에 올릴 때면 심심찮게 올라오던 댓글이다. 파리 편에 달린 댓글에는 유럽 대신 파리가 들어갔고, 스위스 영상의 댓글에는 스위스가 그 자리를 차지했다. 호주 영상을 올렸더니 가장 인종차별이 심한 나라는 호주라는 댓글도 달렸다. 그럴 때면 왠지 모를 아쉬운 마음이 들었다. 내가 경험한 여행지들은 '인종차별이 심한 나라'나 '더럽고 치안이 좋지 않은 동네'로 일축되기에는 너무 많은 이야기가 있는 곳이니까. 인종차별이 대수롭지 않은 일이라는 뜻이 아니다. 댓글들이 건네는 걱정을 모르는 바도 아니다. 다만 다정한 사람이 인종차별자만큼 혹은 그보다 더 많을 나라를 방어적으로 일축해 버리자니 아쉬울 뿐이다. 그럼 나는 인종차별을 당하지 않았냐고? 내게는 그렇게 간단히 결론 날 문제가 아니다.

누가 봐도 거대한 휠체어를 타고 다니는 나는 차별자

들에게 종종 혼란을 주는 존재였을지도 모르겠다. 아시아인이고, 나이가 어렸고, 여성이고, 부자 같지는 않은 차림새를 하고 다녔고, 그러면서 또 장애인이었다. 습관적으로 캣콜링을 하는 이들도 내 앞에서는 언행을 삼갔다. 여성이었지만 동시에 장애인이었으니까. 퉁명스레 반응하려던 사람들이 급히 태도를 바꾸는 것처럼 느껴지는 순간도 있었다. 타인을 속단할 수는 없지만 그들은 나를 차별해도 되는 인종으로 볼지, **존중**해야 한다고 배운 장애인으로 볼지 좀 헷갈리는 것 같았다. 한국에서 겪는 불쾌한 경험은 대부분 장애차별과 연관되어 있다는 점에서 내 휠체어 덕에 보호받는 듯한 신선한 경험을 했다.

그런 내게도 명백한 차별이 찾아왔다. 독일 여행 3일째, 현미와 뮌헨의 빅투알리엔 마켓에 들렀을 때였다. 빅투알리엔 마켓은 뮌헨의 중심부에 있어서 우리는 구시가지를 돌아보던 중 우연히 그곳을 발견했다. 여행할 때 동네 슈퍼마켓이나 재래시장 방문을 가장 좋아하는 나는 방앗간을 지나치지 못하는 참새처럼 마켓으로 빨려 들어갔다.

빅투알리엔 마켓에는 여러 상점과 가판대가 늘어서 있었고, 동네 주민이 연 듯한 부스도 있었다. 이날 저녁에 다른 소도시인 바덴바덴으로 가야 해 기차에서 먹을 작은 빵과 매콤해 보이는 페이스트를 샀다. 한국인의 예상과 다르게 페이스트 속 빨간 덩어리는 토마토라 맵지 않았지만. 우람한 농작물들을 턱턱 올려 둔 가판대 구경도 꽤 재밌었다. 그때, 한국에서 한창 유행했던 납작복숭아 한 무더기를 발견했다. 생소한 과일이라 국내에서는 꽤 비쌌는데, 유럽에서는 그렇게 비싸지 않았다. 과일을 좋아하지 않는 나도 파리에서 납작복숭아를 맛있게 먹었다. 현미에게도 먹여 주고 싶었다. 저 멀리서 구경하고 있는 현미를 부르면서 가판대 옆의 사장으로 보이는 사람에게 말을 걸었다.

"저, 실례합니다."

그런데 이게 웬일! 우리 사이의 거리는 고작 2미터가 안 될 것 같았는데 그는 내게 눈길 한 번 주지 않았다. 바로 앞에 서 있는 나를 애써 무시하려 먼 산만 바라보는 모습이었다. 옆에 다른 손님이 있지도 않았다. 무엇보다 나는 시선을 두지 않고는 못 배기는 거대한 휠체어를 탄 여자인뎁쇼…. 혹시 대뜸 영어로 말문을 연 것이 실례일까 싶어 아는 독일어를 총동원해 다시 한번 인사했지만, 그는 여전히 두리번댈 뿐이었다. 그와 나 사이에 마치 거대한 유리벽이 세워진 것만 같았다. 이런 투명인간 취급은 오랜만이다! 유럽에 와서 대놓고 이루어지는 차별은 처음 겪어 본 터라 조금 민망해진 나는 괜히 가게 앞을 서성이며 과일을 들여다봤다. 한 가게에 오래 멈춰 선 나를 본 현미가 다가와 뭐하고 있냐고 물었다.

"엄마, 나를 완전히 무시하셔. 이거 인종차별인가 봐, 헐~"

인쇄되어 영원히 남는 책에 이미 고루해진 '헐' 따위의 말을 써 죄송하다는 말씀을 올립니다. 하지만 이런 수준의 차별에는 경쾌한 반응이 필수. 나의 '헐'에 현미 역시 그의 트레이드 마크인 리액션으로 응답한다.

"쓰글~"

바깥에서 불쾌한 일을 겪고 현미에게 후다닥 달려가 못된 사람을 일러바치고 나면, 현미의 입에서는 늘 비슷한 리듬의 말이 튀어나온다. 빅투알리엔 마켓에서는 '썩을'이었다. 이를 거의 앙 다문 뒤 입은 가로로 넓게 벌려 웃는 듯 만드는 것이 포인트. 너무 화내는 어투도 아니고, 살짝은 조롱 같이. '썩을'이 아닌 '쓰글'에 가깝게. 뒷 음운을 최대한 늘리면서 한 번 흔들어 주면 더 좋다.

나는 냅다 한국 욕을 내뱉는 현미의 모습에 푸핫, 웃

고 만다. 상대는 알아듣지도 못할 테지만 고개를 살짝 돌려 입모양이 보이지 않게 한 소심한 태도도 우스웠다. 우리는 그렇게 그 가게의 앞에 '헐'과 '쓰글~' 만 남겨 놓고 훌훌 떠난다. 종종 차별과 마주쳐야만 하는 우리 모녀가 자연스럽게 터득한 태도다.

미세차별을 맞닥뜨리는 사람은 늘 그것이 차별이었는지 아닌지를 스스로에게 되묻는다. 시장에서의 상황을 예로 들자면, 그 무시가 내가 아시아인이어서인지 관광객이어서인지 혹은 휠체어를 타서인지를 고민하게 된다. 차별의 이유가 내 어떤 부분에서 왔는지, 내 태도는 한 점 부끄러움이 없었는지 검열하게 된다. 사실 차별이 아닐 수도 있지 않나? 그냥 영어가 서툴러서 응대를 꺼렸을 수도 있지. 아니면 내 목소리가 너무 작아서 정말 듣지 못했을 수도 있고. 혹시 내가 너무 쉽게 인종차별자라는 꼬리표를 붙였을까? 여기까지 생각이 치닫으면, 에너지는 펑펑 낭비된다.

그러므로 차별받는 사람들은 당장의 상황을 겪는 것에서도, 이후 그 기억을 소화하면서도 아주 지쳐버린다. 그 과정까지가 차별이다. 그래서 차별은 상흔을 오래 남긴다. 차별한 사람은 이미 사라지고 없는데, 당한 사람은 그곳에 남아 끊임없이 차별인지 아닌지를 가늠해야 하니까. 때로는 소화에 더 많은 시간과 에너지가 든다. 그럴 때 나는 그냥 가끔은 '헐~'이라 하고 그 상황을 무의미하게 흩어 버리는 방법을 체득했다. 차별을 용인하라거나 문제 제기 없이 좋게 넘어가라는 말이 아니다. 하지만 때때로 지친다면, 모든 순간 맞서 싸울 체력이 없다면 다시 큰 목소리로 항의하기 위해서라도 잠시 쉬어야 한다.

그것이 차별자를 우습게 만들어 버리는 전략으로 발전했다. 이유 없는 차별에 내 마음을 너무 내주지 않는다. 그리고 나의 든든한 지원군에게 일러바친다. 그럼 그는 나보다 더 풀풀 화를 내줄 것이다('엄마 나 횡단보도에서 어떤 아저씨가'까지만 보낸 메시지에 현미가 '망할 놈이'라고 답장한 일은 두고두고 나의 웃음 포인트다).

그렇게 흩어버린 덕에 독일은 내게 인종차별의 나라로 기억되지 않는다. 그런 사람도 있었지만 그럼에도 참 좋았던 곳으로 남았다. 나는 기억한다. 현미와 거닐던 거리의 따스하던 햇살을. 인형의 집 같은 건물들이 옹기종기 모인 아름다운 어느 광장을. 나는 안다. 여행하며 작은 생채기를 덮어 줄 다정한 사람들을 많이 만났고, 또 앞으로도 왕창 만나게 될 거라는 사실을. 다음에는 어떤 사람을 만날지 기대하며 우리는 독일 여행의 마지막 행선지인 바덴바덴으로 가는 기차를 탔다. 바로 옆 가게에서 산 납작복숭아와 체리 한 팩, 빵과 맵지 않은 페이스트를 가지고. 모두 맛있어서 빅투알리엔 마켓도 다시 가고 싶은 사랑스러운 곳으로 남는다.

잔잔하게 흘러서

바덴바덴은 독일에 오기 전까지는 모르는 지역이었다. 아마 혼자 왔더라면 독일에 오고도 몰랐을 테다. 현미와 함께 여행하게 되며 너무 붐비지 않으면서도 특색 있는 곳을 가고 싶었다. 여행의 마지막에 몸을 풀 수 있으면 더 좋을 것 같았다. 그런 곳을 찾아보다가, 독일에 사는 전성진 작가의 추천으로 바덴바덴에 오게 되었다. '바덴'은 독일어로 '목욕'이라는 뜻을 가지고 있다고 한다. 나와 현미는 지금 '목욕목욕' 동네에 가고 있는 셈이다. 이름에서부터 왠지 모를 눅눅한 비누 냄새가 풍겨 왔다.

숙소 근처 버스 정류장에 내리자 마침 노을이 지고 있었다. 돌벽으로 지어진 유럽식 주택 사이로 해가 뉘엿뉘엿 넘어갔다. 인구 밀도가 높지 않은 이곳은 그 자체로 고즈넉한 분위기를 풍겼다. 골목을 천천히 오르자 오늘 묵을 곳이 보였다. 커다란 유리 빌딩의 호텔이 아니라, 5층 정도의 리조트에 가까운 숙소였다. 휠체어용 유니버설 룸은 없어서 대신 방 업그레이드를 받았다. 프런트 직원은 우리 방이 이곳에서 가장 좋은 방이라며 싱긋 웃었다. 이

것이 장애인 권력…. 가장 위층으로 올라가서 방문을 열자 커다란 거실과 분리된 침실이 보였다. 너무 좋다! 현미는 짐을 풀지도 않고 침대에 벌렁 드러누웠다. 나도 그 옆에 잠시 몸을 뉘였는데, 현미가 벌떡 일어나 발코니로 가더니 탄성을 내뱉으며 나를 불렀다. 활짝 열린 발코니 문밖으로 담백한 풍경이 쭉 펼쳐졌다. 높지 않은 집들이 옹기종기 모여 있는 모습이 한눈에 들어왔다. 짙푸르게 자란 나무는 건물과 건물 사이사이를 가볍게 메웠다. 탁 트인 시야 너머로 노을이 온 마을을 감싸고 있었다.

여행의 마지막 날 이곳에 와서 참 다행이었다. 볼거리가 넘치는 유명 관광지에서 무엇을 더 봐야 하는지 전전긍긍하지 않고 지금 이 풍경을 보며 만족할 수 있어서 말이다. 자, 이제 목욕목욕 나라에 왔으니 목욕을 해야지! 그러나 이 계획은 조금 연기되고 만다. 푹신하고 넓은 침대에서 현미가 잠들어 버렸기 때문이다.

다음날, 수영복과 타올을 챙겨서 숙소를 나섰다. 사실 습하고 미끄러운 목욕탕은 내가 제일 꺼리는 곳이다. 휠체어가 들어가지 못하는 곳이 대부분이었으니까. 어린이였을 시절, 현미가 나를 번쩍번쩍 안고 탕에 들어갈 수 있었던 때까지가 목욕탕 인생의 전부였다.

그리고 곧 이것은 기우였음이 드러났다. 카라칼라 스파 카운터에 가서 티켓을 구매하자 동반 1인은 무료라는 안내를 받았다. 그리고 몸이 불편한 손님은 준비 시간이 오래 걸린다는 사실을 파악하고 있는지 한 시간을 추가로 이용 가능하다고도 했다. 우리는 또 잠깐 춤췄다. 탈의실로 들어가자 화장실 칸막이 같은 것이 쭉 늘어선 공간이 나왔다. 그중 유난히 큰 칸막이가 두 개나 있었다. 휠체어 이용 손님을 위한 공간이었다. 문을 열자 안에는 젖어도 괜찮은 수동 휠체어가 있었다. 내 전동 휠체어는 그곳에 놓고, 수영복으로 갈아입은 뒤 수동 휠체어를 탔다. 휠체어를 탄 채 이대로 샤워실을 거쳐 욕탕으로 가기만 하면 끝이다.

정말 오랜만에 현미와 욕탕에 왔다. 1층으로 들어서니 실내에 여러 개의 탕이 있었다. 어떤 탕은 아주 뜨겁거나 차가웠고, 또 어떤 탕은 적당한 온도로 유지되었다. 그중 야외까지 이어지는 미지근한 탕에는 한가운데 무대 같은 구조물이 있었다. 백인 할머니 할아버지들이 그 가운데서 체조를 하는, 선생님으로 보이는 중노년 여성을 빙 둘러 서서 함께 체조를 했다. 생소한 모습이었으나 욕탕에서의 노인 체조라니 왠지 익숙하게 느껴졌다. 모든 욕탕의 입구에는 난간이 설치되어 현미에게 안기지 않고도 출입할 수 있었다. 자유로웠다.

우리는 잔잔한 유수풀인 야외 욕탕으로 헤엄쳐 갔다. 동그란 도넛 모양의 푸른 욕탕에서 현미의 어깨를 잡고 둥둥 떠다녔다. 부력 때문에 나는 물속에서 꽤 잘 걸을 수 있다. 현미의 손을 잡고 걷기도 하고, 업힌 채 물결을 따라 빙글빙글 흘러가기도 했다. 물론 모르는 할머니, 할아버지들과 함께. 현미는 내 손을 잡고 뒤로 걷느라 종종 여러 할머니와 부딪혔다. 그러면 할머니들은 호호 웃었고 우리도 헤헤 웃으며 함께 두둥실 떠다녔다. 한참을 수영하다 보니 다른 탕에도 가고 싶었다. 누구에게 안기거나 업혀서 이동하지 않아도 되기 때문에 나는 욕심을 부려 가 보고 싶은 탕에 모두 가 보기로 한다.

욕탕 한구석에는 펄펄 끓는 온수탕과 냉탕이 붙어 있었다. 온수탕 위의 유리 천장으로 들어온 쨍한 햇빛이 욕탕의 증기와 부딪히면서 신비로운 느낌을 풍겼다. 좁은 공간에 나이가 지긋한 이용객들이 가장자리 단차에 앉아 피로를 푼다. 어떤 할아버지는 본인만의 수련을 하는지 3분에 한 번씩 온탕 냉탕을 번갈아가며 이용하고 있다. 갑자기 "어, 시원~하다!"라고 외쳐도 이상하지 않을 것 같앉다. 우리는 할아버지를 가만 보다가 따라해 보기로 한다. 온탕에 들어갔다가, 냉탕으로 간다. 발을 담그자마자 호들갑을 피우며 몸을 후드득 떤다. 수련 중이던 할아버지가 자신을 따라하고 있다는 것을 아는 듯 현미와 나를 쳐다본다. 우리 셋은 함께 웃는다.

추위로 잔뜩 위축된 다리를 끌면서 현미의 손을 잡는다. 이제 다시 따뜻한 물로 갈 차례다. 우리는 더운 물에 천천히 들어가며 허, 하고 숨을 내뱉는다. 물에 다리를 담근 채 우리를 바라보는 할머니와 눈이 마주친다. 할머니는 웃으며 손으로 자신의 무릎을 통통 친다. 우리는 말이 통하지 않지만 동시에 대화한다. 관절이 아플 때 이런 뜨거운 물만한 게 없지요. 그죠? 저도 잘 안답니다. 나도 할머니의 옆에 자리를 잡고 앉는다. 곧 지팡이를 짚은 또 다른 노인이 입구에 선다. 지팡이를 세워 두고 난간을 잡으며 조심조심 들어온다. 나는 노인을 부러 보지 않고 있다가, 그가 몸을 전부 담갔을 때 살짝 눈을 마주치고 웃는다. 여기 아주 편하고 좋네요. 그렇게 생각하면서.

지금 생각하면 희한한 광경이다. 노인이 가득한 이른 아침의 목욕탕에서 손을 꼭 잡고 비틀대며 걷는 두 명의 아시아인 여자. 왜 그곳에서 내가 전혀 어색하지 않았을까 궁금해진다. 나를 보며 지긋이 웃던 노인의 얼굴. 시선이 가면 가는 대로. 눈이 마주치면 웃으면서. 약간의 공통점으로 대화를 건네는 그 장면을 생각하면 조금은 알 것 같기도 하다. 그곳은 나의 방문을 이미 알고 있었다는 사실을. 나와 비슷한 몸들이 이미 이 물에 몸을 담그고 갔음을. 욕탕과 난간과 커다란 칸막이 탈의실이 그 자체로 증명이었다. 우리는 나른하고 보송하게 욕탕을 나선다.

아니, 그건 있을 수 없어

이제 이곳을 떠나야 한다. 아주 짧은 시간이었지만 해방감을, 때로는 차별을, 책임감을 느끼게 해 준 이 나라를. 너무 짧은 시간이어서 꼭 다시 돌아오고 싶었다. 그리고 그 마음은 공항 기차역에 내릴 때 더욱 굳어졌다.

독일에 와서 처음으로 기차 리프트가 제시간에 오지 않았다. 떠나는 순간까지도 에피소드를 만들어 주는구나, 생각하며 5분 정도 기다리고 나서야 다른 직원이 급하게 리프트를 연결해 주었다. 이제 뭐 5분은 껌이지. 환승할 기차를 놓치지도 않았고 10분 넘게 방치되지도 않았고 뒤로 계단 세 칸을 뛰어내리지도 않았으니 아무 문제 없었다. 여전히 보송하고 나른한 마음으로 기차에서 내렸는데, 역무원으로 보이는 사람이 달려와 탑승했던 기차 편과 어시스트 요청 여부 등을 꼼꼼히 묻기 시작했다. 그의 스마트폰 화면을 보니 역사에 바로 문제 보고를 하는 듯했다. 나는 그의 말에 대답하면서도, 너무 경직된 채로 질문하는 그에게 농담을 던진다.

"괜찮아. 이런 일은 늘 생기지 It's okay. It can always happen."

"아니, 이런 일은 생겨선 안 돼^{No, it cannot happen}."

그는 내 말이 끝나기도 전에 아주 딱딱한 음성으로 대답한다. 오히려 그 딱딱한 말이 아주 다정하게 들린다. 그렇지만 난 파리에서 왔는 걸. 그렇게 덧붙이자 그도 설핏 웃으며 다 안다는 듯 고개를 끄덕인다. 그러나 다시 한번 이 문제를 보고할 예정이며 이런 일은 또 없을 것이라고 말한다. 이제 독일을 떠나기에 정말 이런 일이 다시 생기지 않을지는 알 수 없지만, 그의 말로 독일 여행을 마칠 수 있다니 아주 행운 같았다. 이 여행의 모든 과정이 온전히 옳게 흘러갔다고 느꼈다.

파리에 먼저 가서 다행이었다. 그 모든 좌충우돌과 예측불허의 사건을 겪으며 노련해질 수 있어서. 스위스 여행은 행운이었다. 아무 일 없는 일상의 평화를 배웠으니까. 그리고 현미를 맞이할 준비를 한 채로 독일에 올 수 있어서 다행이었다. 이곳을 떠나는 순간마저 휠체어를 타며 겪는 불편이 당연하지 않다는 말을 들을 수 있어 그 또한 다행이었다. 든든한 마음으로 한국행 비행기에 올랐다. **이런 일은 생겨선 안 돼**. 이 문장을 듣기 위해 여태 여행한 것 같았다. 누군가의 손에 이끌리지 않고 스스로 만들어 나갔던 첫 여행이 이렇게 끝나고 있었다.

2

✽

호주

도망가자

운동을 배우면서 제일 충만할 때는 단연 '나 이것도 되네?'의 순간이 아닐까. 평생 해 본 적 없는 자세를 시키는 필라테스 선생님을 의심의 눈초리로 바라보다가, 막상 자세를 취해 보니 몇 초간 버틸 수 있는 나를 발견하면 이 문장이 머리 위로 두둥실 떠오른다. PT를 받으며 3킬로그램 아령을 번쩍 드는 나를 발견했을 때도 마찬가지였다. 그런 순간에는 게임 속에서 레벨 업을 하는 것처럼 훌쩍 자라나는 기분이다. 키는 열두 살의 나와 똑같지만 여전히 자라는 시간을 만날 수 있다니. 아주 행운이다.

여행은 그런 면에서 운동 같다. 새로운 환경에 나를 던져두고 나면 좋든 싫든 여태 해 보지 않았던 일을 해야만 하니까. 모르는 사람을 붙잡고 길도 묻고, 높고 불편한 베개에서 잠을 청하기도 하고, 맛을 예상할 수 없는 재료를 입에 집어넣어 보기도 한다. 절대 눈을 뜨지 않던 시간에 일어나거나 일상에서보다 세 배는 넘게 걸을 때도 있다. 그런 나를 발견하면, '나 이것도 할 수 있네?'라는 감탄이 저절로 떠오른다. 집으로 돌아올 때쯤에는 부쩍 자라난 나를 만난다. 그래서 다시 떠나게 된다. 새로울 나를 만나고 싶어서. 비행기를 기다릴 때마다 키 성장 어린이 비타민을 꼭꼭 씹어 먹는 기분이 든다. 얼마나 더 자랄 수 있을까. 기대하는 동안 입가에는 단맛이 돈다.

언제나 그렇듯 예고 없이 시작된 여행은 어느 시간보다 거대하게 내 안에 자리 잡아 나를 무럭무럭 키웠고 허리를 조금 더 꼿꼿이 펴게 했다. 3주의 단기 교환학생 그리고 3주의 여행, 총 6주의 호주 일정. 오롯이 혼자서 타지를 돌아다니는 경험은 처음이었다. 나 대신 짐을 싸 줄 루도 없고 옷을 입혀 줄 현미도 없었기 때문에 정말 뭐든 혼자 해야 했다. 그래서, 자꾸만 새로운 나를 발견했다. 장보기를 꽤 좋아하고 등 뒤에 지퍼가 달린 원피스도 40분 정도 땀을 뻘뻘 흘리면 입을 수 있는 나를. 땅콩버터 잼 뚜껑도 혼자 딸 수 있는 나를. 그때마다 새로 자라는 기분이었다.

*

여기까지 쓰고 글 쓰기를 잠시 멈추었다. 호주는 나를 자라게 한 여행지가 맞지만, 사실 호주로 떠나면서 성장이나 새로운 도전 따위는 기대하지 않았다. 장애를 가진 작가로서 종종 내 이야기를 보기 좋게 포장하고 싶은 충동을 느낀다. 몸이 불편하기 때문에 오히려 느낀 바가 많다고 호쾌하게 말하고 싶다. 어쩔 수 없이 겪었던 어려움이 나를 자라게 한 성장통이었다고 쓰고 싶다. 장애에 얽힌 무거운 의미를 덜어 내자고 쉽게 훈계하는 주제에, 원고를 쓸 때마다 좋은 의미란 의미를 다 갖다 붙이는 주범은 나였다. 사실요, 안 좋은 점도 되게 많답니다? 안 가봐도 괜찮다고 했지만 스위스 국기가 꽂힌 눈 언덕에도 가고 싶었고요, 조금만 무리하면 아픈 관절도 지긋지긋해요. 휠체어 충전도 귀찮고 완만한 길을 찾아 헤매는 일도 재미없어요. 휴, 아무도 몰랐겠지만 장애인으로 살면 안 좋은 점이 이렇게나 많다. 쓰고 나니 후련하다.

그런데 내게는 장애와 전혀 상관없는 이야기를 하기가 장애만을 말하는 일보다 더 어렵다. 나도 모르는 새 내 삶은 장애로 환원된다. 그것을 양분으로 쓰고 말하게 된다. 내게도 다른 일면이 있음을 나조차 종종 까먹는다. 쓰다 보니 왜 호주에 가고 싶었는지 알았다. 휠체어 타고 홀로 여행이라는 도전을 해 보고 싶어서도 아니었고 더 성장하고 싶어서는 더더욱 아니었다. 솔직히 고백하자면, 도망가고 싶어서 그랬다.

2023년의 겨울 즈음 나는 완전히 지쳐 있었다. 하고 싶은 것은 많았고 할 수 있는 일은 그만큼 많지 않았는데 어디에 선을 그어야 하는지 몰랐다. 학교를 다니면서 영상을 만들고 원고를 썼다. 틈틈이 강의를 나갔고 외주를 받아서 출장도 다녔다. 별로 하고 싶지 않은데 돈을 준다기에 한 일도 있었다. 이 일을 하고 있자면 끝마치지 못한 저 일이 생각나고, 저 일을 하다 보면 답장하지 않은 메일이 생각났다. 제대로 정돈되지 않아 미어터지는 선반처럼 일을 했다. 그러면서도 시간을 꽉 채워 살고 있지 않다는 생각에 불안했다. 친구들은 모두 분명한 목표를 가지고 나아가는 것 같았다. 나는 그런 친구들의 뒤통수를 보며 부러워했다.

이 불안에는 기술의 발전이 제 몫을 톡톡히 해냈다. 원격으로도 사람을 만날 수 있게 되면서 시간의 빈틈마다 화상 미팅 일정이 끼어들었다. 2시에 미팅을 하고 3시에 팀 프로젝트 회의를 할 수 있는 기술이라니. 이 얼마나 효율적인 동시에 저주인지. 코로나 시대에 대학생이 된 나는 자연스럽게 그것을 새로운 문법으로 받아들였고, 일정의 틈새마다 강박적으로 해야 할 일을 촘촘하게 채웠다. 가끔은 **아무것도 안 하기**도 시간을 잘 쓰는 방법임을 몰랐다. 시간이 남으면 의미 없이 잡일을 처리했고 일이 너무 하기 싫으면 짧은 영상을 계속 봤다. 재미도 의미도 없는 영상을 보고 싶지 않아도 멈출 수가 없어 한 자세로 몇 시간씩 봤다. 그러고 나면 스트레스로 어깨가 온통 뻣뻣하게 굳어 있었다.

몇 주에 한 번씩은 영상을 스크롤하느라 한숨도 못 잤다. 새벽 여섯 시쯤 잠들었다가 오후에 눈을 뜨면 죄책감이 온몸을 짓눌렀다. 느지막이 남은 일을 하다 보면 밤이었고, 바로 잠들기 아쉬워서 또 영상을 봤다. 아무것도 못 하거나 너무 많은 일을 하는 일상의 반복이었다. 하나의 일에 몰입할 수 없었다. 머리는 멍했고 뿌연 안개가 낀 것 같았다. 내가 무슨 말을 하고 있는지 잘 와닿지 않았다. 나에게 일어나는 일들도 생생하게 느껴지지 않았다. 슬프지도 기쁘지도 않은 날들. 모든 것이 희미했다.

그래서 틈틈이 떠날 기회를 찾았는지도 모른다. 학교에서 겨울방학에 교환학생을 가면 장학금을 준다기에 신청서를 살폈고, 추운 날씨가 싫으니까 후보지 중 유일하게 여름인 호주를 골랐다. 호주를 선택한 이유는 이게 전부였다. 도망치듯 떠나고 싶은데 누군가 돈을 주며 부추겨 준다니 그것보다 좋은 게 있나. 그때는 몰랐다. 이 호주 여행이 나를 얼마나 자라게 할지.

　면접장 앞에서 조금 긴장한 채로 순서를 기다리는데, 담당자가 와서 내게 '혼자서도 괜찮냐'고 물었다. 나는 언제나 그렇듯 문제없다고 답했다. 사실 문제는 겁나 많았다. 여전히 캐리어 끄는 법을 모르고 가지고 갈 휠체어도 못 정했고 혼자 여행해 본 적도 없었다. 무엇보다 지쳐 있었고 우울했다. 하지만 배짱을 부풀려야 겨우 기회가 주어진다는 사실은 잘 알고 있었다.

　결과는 합격이었다. 통장에는 500만 원이 들어왔다. 나중에 알게 된 바로는 사실 담당자가 인권 센터에 전화를 해서 나와의 국제 인권 기구 탐방에 문제가 없었는지를 물어봤다고 한다. 함께 몸집을 부풀려 괜찮았다고, 걱정 말라고 대답해 준 박사님께 감사하다. 근데 또 알고 보니 제네바 탐방 프로그램 면접 때도 박사님이 장애가 있는 지인에게 전화를 걸어 나와의 여행이 괜찮을지를 물었다고 했다. 나중에 그분을 우연히 만났는데, 학생이 신청한 거면 알아서 잘 할 거라고 대답해 주셨다는 게 아닌가. 나를 믿고 본인을 믿는 사람들이 함께 단단히 대답을 해 주어 참 다행이다. 이런 확인 절차가 없는 편이 가장 좋겠지만.

　비행기에 오를 때까지 내가 다닐 학교의 기숙사가 어

느 지역에 있는지도 알아보지 않았다. 하던 일을 잠시 멈추고 내가 모르는 곳으로 간다는 사실만이 중요했다. 앞일을 미리 상상하지 않으면 걱정할 일도 없었다. 자다 깨다를 반복하다 보니, 어느새 열 시간을 날아 호주 상공이었다. 놀라울 정도로 주홍빛인 하늘에 내가 있었다. 붉은 빛이 얼굴을 가득 덮었다. 모든 것이 흐릿한 세상 속 그 하늘만큼은 무척 선명해서 한참을 가만히 들여다보았다. 또 많은 순간이 선명하게 다가오기를 바라며 내릴 채비를 했다. 오늘 밤 묵을 기숙사가 어딘지는 여전히 모르는 채로.

<u>그냥 타!</u>

이전 글에서 방황하는 여행자의 행색을 했지만, 사실 기숙사 위치도 모르고 호주에 도착한 것은 믿는 구석이 있어서였다. 바로 학교의 픽업 서비스. 학교가 공항과 멀기 때문에 기숙사에 입소하는 모든 학생들은 픽업 서비스를 받을 수 있었다. 나도 예외는 아니었다. 멜버른공항에 도착해 입국 수속을 마치고 게이트를 나서자 나를 데려가기 위해 온 학교 관계자가 있었다. 그와 몇 마디 주고받았는데, 생각보다 호주 영어를 알아듣기가 더 힘들어 당황스러웠다. 수능에서는 영어 듣기가 가장 쉽고 중요하지 않은 영역이었는데. 역시 듣기란 인생에서 가장 중요한 덕목이구나… 따위의 생각을 하며 잠시 까마득해 있자 나를 태울 기사님이 도착했다. 휠체어를 싣기 위해 부러 큰 승용차를 가져왔다는 그는 능숙하게 휠체어와 캐리어를 트렁크에 실었다.

공항에서 40분 정도를 달리자 기숙사가 나왔다. 기숙사는 작은 주택들이 옹기종기 모인 구조였다. 엘리베이터가 없는 2층 주택이었으나 내 방은 1층이었고, 식당과 빨래방이 모두 1층에 있었기 때문에 크게 불편하지는 않을 듯했다. 짐을 내려준 기사님이 돌아가고 그 건물에 나 혼자 남았다. 11시, 어둑어둑하고 비어서 소리가 텅텅 울리는 주택은 무서웠기에 방 밖으로 나가고 싶지 않았다. 하지만 꼭 확인해야 했다. 바로 화장실을. 1층에는 두 개의 공동 화장실 겸 샤워실이 있었는데, 나는 내 방과 가까운 쪽을 사용하면 될 듯했다. 들어가 보니 거의 방만한 크기의 공간에 세면대와 변기, 샤워 부스가 있었다. 벽에 단단히 고정된 간이 샤워 의자에 문이며 벽마다 안전 바도 달려 있었다. 안심이었다. 적어도 못 씻고 못 싸지는 않겠구나.

　아침이 되자마자 멜버른의 중심인 CBD에 가 보기로 했다. CBD로 가기 위해서는 직행 트램을 타야 했는데, 정거장에서 기다렸더니 계단이 세 칸이나 있는 트램이 왔다. 아니, 호주 접근성 좋다며? 첫인상을 이렇게 망칠 거야? 찾아보니 바로 옆에 버스 정류장이 있었다. 버스를 타고 박스 힐로 가서, 그곳에서 기차로 환승하면 시간은 조금 더 걸리지만 CBD까지 갈 수 있었다. 접근성이 좋기로 유명한 호주였지만 아무래도 관광지나 큰 도시에 인프라가 집중된 듯했다. 이래서 여행과 생활이 다른 거구나. 첫

날부터 깨달음을 얻었다.

떨리는 마음으로 버스를 기다렸다. 호주에서는 휠체어로 버스를 탈 때 한국이나 일본과 다르게 앞문으로 탑승한다. 정거장 앞쪽에 서 있다가 기사에게 손을 흔들면 기사가 내려 직접 수동 발판을 꺼내 준다. 이후 내가 탑승하면 함께 따라 들어와 휠체어석 쪽 좌석이 접혀 있는지 확인하고, 내가 자리를 잡으면 운행을 재개한다. 승객이 앉아 있다면 비켜달라고 하기도 하는데 보통은 비워져 있거나 승객들이 먼저 일어나 실랑이할 일은 없다.

박스 힐의 기차역에 도착했다. 플랫폼으로 가니 반대 방향으로 가는 기차가 막 들어오는 중이었다. 갑자기 익숙한 그 느낌. 파리에서 수없이 경험했던 식은땀과 위산의 느낌이 잠시 밀려왔다. 기차의 단차가 꽤 높아 혼자서는 들어갈 수 없어 보였기 때문이다. 그러나 곧 마음을 단단히 먹었다. 나는 파리의 지옥 같은 대중교통도 견딘 사람이다. 심지어 지금은 8킬로그램밖에 되지 않는 휠체어를 타고 있으니 여차하면 호주의 **무슈**들을 붙잡고 나를 들어달라 요청할 생각이었다. 혹시 독일의 기차와 같은 방식일까 궁금해 일단 내가 탑승할 플랫폼의 맨 앞쪽으로 향했다.

그랬더니 이게 웬걸, 플랫폼의 앞쪽이 마치 과속방지 턱처럼 완만하게 높아지는 게 아닌가. 그 위에는 휠체어 마크가 크게 표시되어 있었다. 딱 봐도 여기서 탑승하면 되겠군. 예상은 정확히 맞았다. 도착한 기차는 언덕에 맞추어 부드럽게 정차하였고, 단차의 높이와 정확히 맞아떨어져 평지가 되었다. 기차를 운전하던 기관사는 열차에서 내려 내가 어느 역에서 하차하는지를 물었다. 내릴 역을 기억하고 있다가 하차할 때 도움을 주는 것 같았다.

멜버른 시내에 도착하니 이동하기가 훨씬 수월했다. 교외로 나가는 트램에는 계단이 있었지만 도시 안을 돌아다니는 트램은 대부분 평평했다. 트램의 접근성을 알려주는 웹사이트가 따로 있고, 구글 지도에도 접근성 정보가 곧잘 나와 있기에 경로를 찾기는 어렵지 않았다. 호주 멜버른 CBD에 처음 도착한 사람들이 할 법한 행동을 모두 했다. 커다란 장이 열리는 퀸 빅토리아 마켓을 돌아다니고, 파리의 파사쥬처럼 건물 안에 상점이 쭉 늘어선 골목인 로얄 아케이드와 블록 아케이드를 돌아다니기도 했다. 평점이 높은 식당에 들어가 식사도 했다.

이렇게 이상적인 이데아를 만난 것으로 이 글을 끝낼 수 있다면 얼마나 좋았을까. 하지만 나는 멜버른 중심부에 사는 사람이 아니라 교외 대학교에서 지내는 교환학생이었다. 저녁이 되면 버스가 한 시간에 한 대만 오고 트램은 모두 계단인 그곳 말이다. 하지만 외려 CBD의 대학교에 가지 않아 다행이었다. 나는 늘 엉망인 채로 일을 해결한 그런 순간에 바짝 자랐기 때문이다. 언제까지나 무균실에 있을 수 없었다. 적당한 균이 들어와야 우리 몸에서 항체를 만들어낼 수 있는 것처럼, 가끔은 예방 주사가 우리의 삶을 더 선명하게 만든다.

*

교외에서 생활하며 가장 어려웠던 점은 무언가를 사러 나가는 일이었다. 우리나라에서 제일 큰 캠퍼스를 가지고 있는 대학의 학부생답게 호주 멜버른 교외의 드넓은 캠퍼스가 놀랍지는 않았으나, 이렇게 넓은 곳에 편의점이 없다는 사실은 당황스러웠다. 큰 마트가 비슷한 거리에 두 곳 있었는데, 모두 버스나 트램을 타고 10분 정도 나가야 했다. 이곳에 온 지 3일이 지나 다른 친구들도 속속들이 도착하고 있을 때, 인도에서 온 니야와 함께 생필품을 사러 나갔다. A마트는 가까웠지만 직행 트램으로는 7분, 버스로는 환승이 한 번 필요했다. B마트는 더 멀지만 버스를 갈아타지 않고서도 갈 수 있었다. 우리는 가까운 A마트에 가기로 했는데 그것이 아주 큰 화근이었다.

우리 캠퍼스가 자리한 버우드의 트램은 기본적으로 모두 계단이 있었다. 그래서 버스를 선택했는데, 20분이면 도착할 줄 알았지만 꽤나 어려운 환승 때문에 40분이 넘어서야 도착했다. 그 와중에 비까지 추적추적 내리기 시작했다. 우여곡절 끝에 도착한 마트에서 잠깐의 쇼핑을 마친 뒤 니야와 나는 짐을 한가득 들고 버스 정류장 앞에 섰다. 그런데 아무리 기다려도 우리가 탈 버스가 오지 않았다. 구글 지도를 확인하니 이미 버스는 떠났고 다음 버스는 40분 뒤에야 온다는 것이 아닌가. 설마, 저 옆 정류장이었나! 안절부절 못하며 상황을 설명하는 내게 니야는 피곤한 듯 말했다.

"그냥 트램 타면 안 돼?"

트램이라니, 니야. 너 내 꼴이 안 보이니? 난 휠체어를 탄단다. 당황스러웠지만 충분하지 못한 영어 실력으로 내 당황을 모두 표현하지는 못하고 "트램에 계단이 있어. 난 못 타" 정도만을 전했는데 니야는 대수롭지 않다는 듯 말했다. 내가 들면 되잖아.

음…. 그런가? 너무도 완강한 그의 태도에 정신을 차리고 보니 어느새 트램 정류장 앞이었다. 어쩌자고 이리 왔을까. 이미 머릿속에서는 트램 탑승을 거부당하는 나 혹은 휠체어를 올리지 못해 엉망이 되는 탑승구, 여차저차 5분은 넘게 걸리는 바람에 모든 시선이 나에게 쏠리는 장면이 재생되고 있었다. 지금이라도 니야를 트램에 태워 보내고 나는 40분 기다려서 버스를 타자. 거기까지 생각했을 때 정류장에 서 있던 다른 승객이 말을 걸었다. 너희 이거 타?

역시 안 되겠지… 돌아간다고 할까…. 내가 어물거리자 니야가 어깨를 으쓱하며 말했다. "응, 휠체어 좀 같이 들어줄 수 있어?" 나는 속으로 절규했다.

"그럼, 물어봐 줘서 고마워."

승객은 마치 자기가 굉장한 호의를 받은 것처럼 대답했다. 두둥. 어느새 나는 트램 계단을 기듯이 오르고 있었고, 내 뒤에서는 니야와 모르는 승객이 휠체어를 번쩍 들고 내 등반을 기다리고 있었다. 기사가 핀잔을 준다거나 준비가 되지 않았는데 트램이 출발해 버리는 일은 일어나지 않았다. 내릴 때가 되자 주변 사람들이 우리보다도 먼저 휠체어를 내리기 위해 준비하고 있었다.

빙빙 돌아 40분이 걸리던 마트를 10분 만에 돌아온 우리는 캠퍼스를 쭉 걸어 기숙사까지 갔다. 묘한 긴장과 아드레날린으로 벙벙해진 기분이었다. 니야, 미안해. 나 때문에 너무 돌아왔지. 고마워. 몸에 배인 사과를 건네는 내게 그는 "미안하다고 할 필요 없어 You don't have to be sorry" 같은 고전적이고 나이스한 말을 했지만, 나는 또 전형적으로 그 문장을 좋아하고 만다. 미안해하지 말기. 나와의 동행을 사과하지 않기. 다시 다짐한다.

이곳은 완벽하지 않지만, 니야가 없다면 그 마트를 다신 가지 않겠지만, 조금만 용기를 낸다면 더 넓은 곳으로 갈 수 있었다. 살짝 망가지기를 두려워하지 않고 도움을 구할 용기 말이다. 그 이후로 니야와는 계단 있는 트램을 함께 타는 짝꿍이 되었다. 수업이 없는 날, 밤까지 신나게 도시를 쏘다니다 기숙사에 돌아와야 했을 때도 다시 한 번 직행 트램을 탔다. 주변의 승객에게 도움을 청했고, 그는 역시나 물어봐 줘서 고맙다고 대답하며 휠체어를 번쩍 들어 트램 위로 올려 주었다.

아, 하지 말아야 할 짓을 하나 저지르기는 했다. 니야와 나 둘 다 카드에 돈이 없어 무임승차를 한 것. 우리 둘의 카드가 모두 거절되자, 달리는 트램 안에서 니야는 사색

이 되어 지금 내리든지 기사에게 자수를 하겠다고 방방 뛰었다. 휠체어로 트램 타기는 별일 아니면서 카드에 돈이 모자란 일은 심각하게 두려워하는 여자…. 나는 정확히 반대의 여자여서 벌벌 떠는 니야를 진정시키며 좌석에 앉혔다. 그리고는 우리의 최후가 어떨지 알아보기 위해 인터넷을 뒤졌다.

"오, 찾았다."

"어떻게 된대? 걸리면?"

"겁나 많은 벌금…."

"젠장Crap…."

니야는 검표원이 오면 절대 일어나지 않겠다며 갑자기 자는 척을 했다. 니가 내리지 말자고 했으니 벌금은 니가 내라고도 했다. 나는 알겠다고 깔깔 웃으며 니야를 재웠다. 자장자장…. 다행히 검표원이 등장하지 않아 우리는 무사히 트램에서 탈출할 수 있었다. 멜버른의 밤은 한여름에도 아주 추워서 우리는 얇은 겉옷을 여미며 한 걸음마다 메들리로 영어 욕을 내뱉었다. 가로등이 없어 사위는 아주 깜깜했다. 길의 포장 상태도 좋지 않아 자주 걸려 넘어질 뻔했는데 그때마다 니야는 "Crap!"을 외치며 내가 날아가지 않도록 내 휠체어 손잡이를 붙잡았다. 이제는 쉽게 트램을 탈 수 있다는 성취감과 무임승차를 했다는 배덕감, 차가운 바람으로 묘하게 흥분되던 밤이었다. 후에 알고 보니 우리의 요금은 보증금에서 까여서 실은 무임승차도 아니었다는 그런 여름밤의 이야기.

<u>의심 없는 마음</u>

단체 활동에 참여할 때면 초등학교 4학년 임원 수련회, 아이들이 원처럼 둘러선 강당의 풍경이 영사기가 돌아가는 듯 차르륵 소리를 내며 머릿속에서 재생된다. 오래된 필름을 보고 있는 내 허리께에서 현미와 태균의 손이 느껴진다. '다른 아이들이 하는 일은 우리 지우도 전부 해야 한다'는 나의 엄마, 현미의 지론에 따라 수련회에 참여한 때였다. 학교는 내가 수련회에 갈 것이라고 생각하지 않았다. 나를 보조할 인원도 구할 수 없었다. 그래서 현미와 태균은 수련원 옆방을 구해 묵으면서까지 아이들이 모두 서 있는 단체 활동에 기어코 나를 세워 두었다. 몸을 한껏 웅크린 채, 휘청대는 어린애의 허리를 붙들고서.

장애 학생의 참여 방식을 함께 고민하기보다 눈꼬리를 한껏 내리고 염려하는 얼굴로 "네가 갈 수 있겠니?" 묻는 학교에서 늘 가슴을 펴고 당당히 자신의 참여를 주장하기는 어렵다. 어떨 때는 이 거부가 거친 말이나 명백한 배제보다 더 무섭다. 불명확한 형태로 공기처럼 존재하는 이 차별은 때때로 거부하는 사람과 거부당하는 사람 모두

가 눈치채지 못할 정도로 교묘하다. 그것이 반복되면 거부와 배제는 스펀지에 스며드는 물처럼 장애 학생을 적셔서, 그의 몸과 마음은 둔하고 무거워진다.

나 또한 **어쩔 수 없는** 상황에서 한발 물러나는 일에는 익숙했다. 현미와 태균의 손을 기억하면서도 언제나 투사처럼 행동할 수는 없었다. 거부와 배제의 경험은 내 몸에도 스며들었다. 호주 교환학생 프로그램 중 서핑의 날 계획을 보았을 때도 이미 둔하고 무거워진 마음은 바다 위의 내 모습을 그리지 못했다. 잘해야 누군가 나를 안고 해변의 돗자리에 옮겨 주겠거니, 하는 마음이었다.

서핑의 날은 공식 프로그램이 시작되고 딱 일주일 뒤였다. 무언가를 준비해 달라고 요청하기에도 촉박한 시간이어서 그날 내가 동행하는 것이 괜찮을지 묻는 메일을 담당 선생님께 보냈다. 곧 내가 가는 날 해변에 비치된 바다 휠체어를 이용할 수 있다는 답신이 돌아왔다. '오, 적어도 해변까지는 이동해서 아이들을 구경할 수 있겠군'이라고 홀로 짐작했다. 수련회에 참여는 했어도 아이들의 달리기를 구경하기만 했던 초등학생 때의 나처럼. 벤치에 머무는 일이라면 익숙했다.

드디어 서핑의 날이 밝았다. 예상외로 한국 학생들의

참여율이 낮았다. 나와 한국인 진 언니를 제외하면 집합 장소에 모인 이들은 모두 외국 학생이었다. 나 역시 기숙사에서 쉴 수도 있었지만, '다른 아이들이 하는 일은 우리 지우도 모두 해야 한다'는 현미의 신조를 되새기며 버스에 올랐다. 서핑은 못 하더라도 모래사장까지는 따라가기. 그게 내가 내면화한 현미의 법칙이었다.

그래서 해변에 도착한 뒤 내게 벌어진 일은 정말이지 뜻밖이었다. 서핑 강사 중 한 명이 내게 다가와 서핑할 때 입는 슈트를 건네고는 내가 쓸 보드와 서핑 방법을 설명해 주기 시작한 것이다. 나는 많은 것을 단념했기 때문에(그리고 호주 영어를 절반 정도는 알아듣지 못했기 때문에) 잠시 무슨 상황인지 파악하느라 멍했다. 상황이 이상하게 흘러가고 있었다. 그제야 알았다. 그 해변에서, 내가 바다에 들어가지 않을 것이라고 생각한 사람은 나뿐이라는 사실을.

아직 그 분위기를 채 따라잡지 못한 내가 "장애인에게 서핑을 가르쳐 준 적이 있나요?"라고 묻자, 강사는 무슨 그런 질문을 하냐는 표정으로 "저는 8년간 장애가 있는 사람을 가르쳤어요"라고 답했다. 그리고는 원한다면 나도 당연히 서핑할 수 있다는 말을 덧붙였다. 저… 저는 물을 무서워하는디요. 바보 같이 말하는 내게 선생님은 "그래서, 하고 싶어?"라고 물었다. 나는 홀린 듯 엄지를 추켜세웠다. 하고 싶어요.

그 이후로는 모든 과정이 착착 흘러갔다. 친하지 않던 외국 친구들이 내게 달라붙어 내 옷을 훅훅 벗기고 팔과 다리에 스윔 슈트를 쑥쑥 끼워 입혀 주었다. 나는 바퀴가 아주 커다랗고 안에 공기가 차 있어 모래에서도 잘 굴러가며 물에도 약간 뜨는 바다 휠체어로 옮겨 탔다. 그리고 서핑 선생님의 손에 이끌려 해변으로 데굴데굴 굴러갔다. 학생들과 함께 동그랗게 앉아 서핑하는 법을 간단하게 듣고, 긴장으로 굳은 몸을 풀기 위해 휠체어를 타고 파도가 치는 곳까지 들어가 몸을 담갔다. 파도가 밀려올 때마다 휠체어는 두둥실 떠올랐다 떨어졌다.

이제 준비됐어요? 서핑 선생님이 물었다. 네! 다시 한번 엄지를 들어 보였다. 어느새 해변에 내가 탈 보드가 준비되어 있었다. 다른 보드와 다르게 가장자리에 손잡이가 주르륵 달린 형태였다. 보드에 엎드리자 여행사 직원과 선생님이 보드를 그대로 들어 파도가 치는 곳까지 들어갔다. 파도는 생각보다도 힘이 셌다. 바다가 움직이는 대로 나를 태운 보드도 위로 솟구쳤다가 훅, 하고 떨어졌다. 보드 손잡이를 아주 세게 쥐었다. 입에서 절로 환호와 비명 중간의 소리가 마구 터져 나왔다. 그렇게 파도를 양껏 맞아 본 적도, 이렇게 깊은 곳까지 들어온 적도 없었다.

우리는 좋은 파도가 올 때까지 마음껏 흔들렸다. 저 멀리서 다른 파도보다 높은 파도가 몸을 일으키듯 밀려오고 있었다. 이제 가 볼 거예요. 선생님이 내 뒤에서 방향을 잡으며 몸을 앞으로 기울였다. 파도가 발가락부터 시작해 내 몸으로 거칠게 쏟아져 들어왔다. 보드 앞부분이 살짝 들리면서, 우리는 세차게 해변으로 밀려가기 시작했다. 파도가 만들어 낸 진동이 보드를 약간 삐져나온 내 발에 그대로 전해져 왔다. 보드는 생각보다 훨씬 더 빠른 속도로 물살 위를 활주했다. 와아! 소리치자 저 앞에서 담당 선생님과 여행사 직원이 함께 호응하는 소리가 들렸다. 서핑 선생님은 내 뒤에서 서퍼들의 손동작인 샤카로 화답했다. 함께 오기를 잘했다. 바닷물로 푹 젖은 내 온몸이 선명하게 말하고 있었다.

한국에 돌아온 이후 서핑하는 영상을 소셜 미디어에 올렸다. 영상은 순식간에 300만이 넘는 사람들에게 가닿았다. 내 짜릿함과 흥분에 공감하는 댓글도 보였고, 호주의 접근성을 칭찬하는 댓글도 많았다. 대단하고 감동적이라는 댓글도 종종 있었다. 서핑을 할 수 있다는 사실을 알

앉을 때의 나의 마음도 비슷했다. 하지만 이 장면이 그저 접근성이 잘 보장된 나라에서의 놀라운 경험으로만 보이지 않기를 바란다.

나는 그곳에서 **의심하지 않는 마음**을 발견했다. 누구도 내 참여를 의심하지 않는 순간, 나는 파도 위에 엎드려 보기로 결심했다. 유일하게 나를 믿지 못했던 나조차 "한번 시도해 볼게요 I'll try it"라고 말할 수 있었던 분위기가 나를 파도 위에서 활주하게 했다. 아주 오랜만에 내 허리를 붙들던 현미와 태균의 손이 떠올랐다. 그 둘이 내 뒤에 몸을 꾸역꾸역 숨기면서까지 내게 알려 주려고 했던 것들이 무엇이었는지 이제 알겠다. 장애인의 참여를 의심하지 않는 마음. 나의 몸과 욕구를 믿는 마음. 그리고 함께하는 사람들이 내게 손을 내밀 것이라는 마음.

두 사람이 손을 모아 내 허리를 받치며 알려 주어야 했던 마음들을 호주 토르케이 해변에서 다시 만났다. 이제는 그들이 몸을 웅크리고 내 뒤에 서 있지 않아도 괜찮았다. 파도가 세차게 밀려가듯이, 마음속에서 새 지평이 넓어지고 있었다.

바삭한 빨래를 만지면 어른이 된다

"지우 님은 언제 자립했다고 느끼셨어요?"

'자립'이라는 주제로 인터뷰할 기회가 있었다. 여전히 본가와 기숙사를 매주 오가고 여러 방면에서 돌봄을 받고 있는 내게 자립은 어쩐지 어울리지 않는 단어 같았다. 그렇다고 몇 대의 카메라 앞에서 "없는데요"라고 대답할 수는 없는 노릇이니, 두 가지 장면을 자립의 순간으로 소개했다.

타고 있던 수동 휠체어에 전동 키트를 달아 처음으로 스스로 움직일 수 있게 된 고등학생 때 그리고 호주 기숙사에서 혼자 빨래해 보았을 때다. 자립의 풀이 그대로 '스스로 설 줄 알게 되었다'기보다는 **살아감**의 다른 층위에 건너온 느낌이었다. 휠체어의 전동 모터가, 증기 냄새가 나는 바삭한 수건이 내게 그 순간을 선사했다.

부끄럽지만 빨래 모으기부터 세탁한 뒤 개어 정리하는 일까지 모두 혼자 한 것은 이번 호주 생활이 처음이었다. 혼자 호주에 가기로 결정한 이후 가장 먼저 든 걱정은 '빨래는 어떻게 하지?'였다. 휠체어를 타고 여행하겠다고 하면 비행기, 이동 수단, 장애차별 같은 거대한 걱정을 건네는 사람들이 많다. 하지만 내게는 샤워, 빨래, 요리, 캐리어 끌기 같은 사소한 일상이 걱정이었다. 내가 나를 잘 돌볼 수 있을지가 가장 무서웠다.

막상 첫 일주일은 적응하기 바빴다. 편의점이 없는 드넓은 캠퍼스에 익숙해졌다. 계단이 있는 트램을 정복하고 매일 도시로 왔다 갔다하는 법을 익혔다. 처음으로 파도까지 타고 나니 주말이었다. 이제 미루던 빨래도 하고 식재료를 사서 간단한 요리도 해 볼 차례였다.

학생들이 요리할 수 있도록 마련된 주방에는 두 개의 싱크대와 두 개의 가스레인지, 두 개의 전자레인지가 좌우 대칭으로 배치되어 있었다. 다른 점이라면 한쪽의 싱크대와 가스레인지에는 하부장이 없었다. 처음에는 이 차이를 눈치채지 못했다. 그러나 자연스레 하부장이 없는 빈 공간에 몸을 쏙 밀어 넣은 뒤 설거지를 하다 문득 내가 지금 앉아서 설거지하고 있다는 사실을 깨달았다.

같은 날 빨래에도 도전했다. 일주일간 마트 장바구니에 모아 둔 빨래를 무릎에 얹고 세탁실로 향했다. 앉은 채로 빨래를 넣고 세제도 던져 넣었다. 삑삑. 버튼을 누르자 세탁기가 우렁찬 소리를 내며 돌아가기 시작했다. 빨래를 꺼낼 때는 일어서야 했지만 모두 내 손이 닿는 범위 안에 있었다. 세탁기 안으로 들어갈 듯 허리를 굽혀서 작은 양말까지 모두 꺼냈다. 축축한 빨래를 하나씩 건져내서 옆 건조기 위에 올리고, 다시 휠체어에 앉아 젖은 빨래를 건조기 안으로 밀어 넣었다. 삑, 건조가 시작되었다.

한 시간쯤 방에서 기다리자 세탁실에서 흘러나오는 발랄한 멜로디가 들렸다. 세탁실로 가 더운 기운이 남은 동그란 문을 확 열어젖혔다. 마르다 못해 바삭해진 옷들에서는 수증기 특유의 냄새가 났다. 옷들을 하나씩 꺼내 다시 장바구니에 넣었다. 따끈한 덩어리를 무릎에 올리고 방으로 돌아왔다. 처음 해 본 빨래였다. 스물네 살에 이런 말을 하기는 부끄럽지만, 어른이 된 것 같았다.

기숙사에 머무는 동안 새로운 취미가 생겼다. 근처 마트에서 장을 보고 냉장고에 차곡차곡 넣은 뒤 재료를 다듬어 간단한 요리를 해 먹었다. 빨래도 미루지 않고 시간이 날 때마다 종종 했다. 끼니마다 좋아하는 음식을 내게 만들어 주는 과정이 마치 나를 소중히 다루는 대접 같았다. 건조기에서 막 꺼낸 따뜻한 옷가지를 한 아름 안으면 기분이 좋았다. 내게는 이 모든 일이 처음이었다.

따끈한 빨래를 개키면서 종종 한국의 내 기숙사 방을

떠올렸다. 그 방에도 휠체어를 타고 접근 가능한 커다란 화장실이 있지만 수건걸이는 너무 높아서 2년 내내 쓰지 못했다. 수건걸이를 낮춰서 달아 줄 수 있냐는 요청에 학교는 학생 혼자 그 방을 쓰는 게 아니라 안 된다고 맥 빠지는 답만 했다. 주방이나 세탁실도 휠체어를 타고서는 이용할 수 없었다.

배달 음식을 시켜 먹거나 레토르트 식품으로 끼니를 때우는 일이 잦았다. 빨래는 모아 두었다가 학교에서의 활동을 도와주시는 분께 부탁하곤 했다. 물론 장애인의 활동을 지원하는 서비스는 중요하고 더 확대되어야 한다. 그러나 그동안 내가 나를 살게 하는 **살림**의 기회는 없었다. 나는 내가 장을 봐서 간단히 요리하고, 빨래가 끝나 따뜻한 옷들을 와락 안는 순간을 좋아한다는 사실도 알지 못했다. 해 본 적이 없으니까.

나는 자립에 대한 인터뷰를 이렇게 마무리했다.

> "'자립'이라고 하면 어깨에 힘이 들어가고 무거워져요. 내가 다 해내야 할 것만 같고, '스스로' 무언가를 성취해야만 하는 것 같고요. 그런데 전 하부장이 없는 부엌과 손이 닿는 건조기에서 자립을 발견했어요. 내가 어디에 있

느냐에 따라, 나는 자립할 수도 있고 없는 사람이 된 거죠. 어쩌면 많은 사람은 '자립할 환경'이 필요한 건지도 몰라요."

당연하고도 시끄러운, 이상한 몸들의 축제

여름 캠프가 진행되는 평일 동안 수업과 토론 세미나가 이어졌지만 주말에는 아무 일정이 없었다. 어떤 것을 하든지 상관없는 완전한 자유가 주어졌다. 함께 수업을 듣던 미국 친구들은 비키니를 입고 잔디가 펼쳐진 드넓은 기숙사 뒷마당에 드러누워 일광욕을 했다. 한국 친구들은 삼삼오오 모여 패키지 투어를 예약하고 바쁘게 멜버른을 누볐다. 나는 그 사이 애매한 위치에 서서 무엇을 할지 고민했다. 홀딱 벗고 캠퍼스에 누워 있을 용기도 없었고, 부지런히 관광지를 돌아볼 체력도 없었기 때문이다.

마침 나와 비슷한 성격의 느긋한 진 언니가 여름 캠프의 마지막 주말에 멜버른 중심 광장에서 열리는 미드섬마 페스티벌에 가지 않겠냐고 제안했다. 미드섬마 페스티벌은 한여름에 열리는 멜버른 최대의 퀴어 예술 축제이자 문화 다양성 축제이다.

그렇지만 페스티벌에서의 좋지 못한 기억들이 내 발목을 잡았다. 어렸을 적 여의도 불꽃 축제를 보러 갔을 때, 꽤 좋은 자리를 잡았지만 사람이 몰리면서 오도 가도 못했던 적이 있었다. 설상가상 화장실에 가고 싶어졌는데 도저히 나갈 수가 없을 뿐더러 장애인 화장실이 어디 있는지 찾을 수도 없었다. 결국 오줌을 참느라 불꽃은 하나도 못 보고 그늘막 안에 널브러졌다. 보다 못한 옆자리 아주머니가 자기 강아지 소변 패드를 건네 줬던 일을 생각하면 지금도 웃기다(거기에 안 쌌다).

그 외에도 좋아하는 아티스트의 무료 공연을 보러 갔다가 잠시 자리를 비운 사이에 인파로 통로가 사라져 그냥 돌아와야 했던 날, 사람들 틈에 끼여 그들의 엉덩이만 보다 온 날들이 머릿속을 스쳤다. 그런데 내 입은 무조건 가겠다는 말을 툭 내뱉고 있었다. 서핑을 경험해 자신감이 하늘로 솟아올랐을 때였다. 이런 마음이 드는 내가 신기했다.

그날은 약간 비가 날리는 아침이었지만, 하늘은 흐리지 않았고 곧 따스한 해가 모습을 드러냈다. 진 언니는 핑크 민소매 티에 하얀 치마를 입었다. 나는 토르케이 해변 옆 옷 가게에서 산 무지개색 뜨개 원피스를 입었다. 가슴이 많이 파인, 내 인생에서 입어 본 옷 중에 제일 과감한 차림이었다. 축제가 열리는 광장과 조금 먼 기차역에서 내린 탓에 우리는 한적한 공원을 가로질러 광장으로 향했다. 공원이 너무 조용해서 날짜를 잘못 알았는지 걱정되던 참이었다. 그때, 무지개 그림이 그려진 티셔츠를 입은 중년 남자가 우리와 같은 방향으로 걷고 있는 것을 발견했다. 저 사람… 누가 봐도 우리 쪽이야. 언니와 나는 웃으며 속도를 높여 그의 뒤를 따라갔다. 저 멀리서 쿵쿵대는 노래 소리가 들리기 시작했다.

입구에 들어서는 순간 예상하지 못했던 부스를 만났다. '리버티 장애인 지원 서비스Pride at Liberty Disability Services'라는 단체의 부스였는데, 방문객을 반기는 맨 앞 입구에서 장애인 참여자들에게 적절한 보조 서비스를 제공하고 있었다. 퀴어 예술 축제이기 때문에 성정체성과 성지향성에 국한된 부스만 있으리라는 생각은 완전히 착각이었다. 페스티벌의 좋지 못한 기억들로 점철된 갑옷을 벗어던지는 기분이었다. 설령 참여가 어려운 부분이 있더라도 나를 위해 노력해 볼 사람들이 있겠다는 직감이 고개를 들었다.

공짜로 메이크업을 해 주는 화장품 회사의 부스에 냉큼 가서 눈 화장을 받았다. 핑크색 새도가 내 눈두덩이를 전부 덮었다. 오렌지색 아이라이너는 관자놀이까지 이어질 것 같았다. 그 부스는 드랙퀸과 사진을 찍을 수 있는 높은 단의 포토존에 경사로를 설치해 두었다. 굉장히 사소해 보였지만 그 대단치 않은 물건을 인생에서 처음 봤다는 사실을 그제야 알았다. 모두가 올라와서 춤을 출 수 있는 무지갯빛 댄스 플로어에도 비스듬한 경사로가 있었다. **우리는 장애인을 차별하지 않습니다**라거나 **모두가 함께하는 따뜻한 세상**이라는 문구를 큼지막하게 써 붙여 놓는 것보다 간단한 경사로와 장애인 서비스 부스의 존재가 더 간단하고도 강력하게 안전함을 선사했다.

무대에 올라가 춤을 추는 진 언니를 바라보고만 있던 내게 마이크를 쥐고 춤 추던 스태프가 올라오라는 손짓을 보냈다. "괜찮아요"하며 거절하고 싶지 않았다. 하고 싶은 마음을 알았으니까. 대신 등을 돌려 휠체어 손잡이를 조금만 당겨줄 수 있냐는 신호를 보냈다. 내가 설명하기도 전에 그들은 내게 다가와 휠체어를 가볍게 당긴다. 뒷바퀴가 무대의 완만한 경사를 부드럽게 넘어간다. 사람들은 나를 둘러싸고 춤을 춘다. 웃음이 터져 나왔다. 나도 가볍게 어깨를 털며 호응했다.

축제 부스는 끝도 없이 다양했다. 농인이자 퀴어인, 가정폭력 생존자이자 퀴어인, 어보리진(호주 원주민)이자 퀴어인 사람들이 저마다의 단체 정보를 알리고 인사를 건네며 서로 섞여 들었다. 퀴어 축제에서 말할 수 있는 주제 역시 정해져 있을 것이라는 나의 판단은 완전히 틀렸다. 우리는 모두 여러 정체성이 얽히고설킨 몸을 가졌으니까. 그렇기에 어디서든, 무엇이든 말할 수 있는 힘을 가졌으니까.

메인 행사가 진행되는 무대에는 '접근 가능한 관람 구역Accessible Viewing Area'이라고 쓰인 표지판이 왼쪽 맨 앞에 붙어 있었다. 의족을 찬 사람이나 휠체어를 탄 사람이 그곳에 돗자리를 펴 놓고 지인들과 무대를 감상했다. 무대 앞쪽의 빈 공간에도 누구나 나와서 춤을 췄다. 파란 레깅스를 입은 할머니가 세 개의 무대가 끝날 때까지 혼자 흥겹게 스텝을 밟았다.

그리고 어디서든 마주치는 휠체어 탄 사람들. 나를 가장 흥분시켰던 것은 그 존재들이었다. 그들은 자신을 숨기려 하지 않았다. 무지갯빛 튀튀 치마를 입고, 휠체어 바퀴에 리본을 달고, 등에 휠체어만큼 큰 깃발을 매단 사람들이 내 곁을 계속해서 지나쳤다. 눈이 마주치면 누가 먼저랄 것 없이 인사를 건넸다. 해방감이 들었다. 시끄러운 몸을 가진 사람들이 시끄럽게 존재하는 모습이 짜릿했다. 현장의 많은 사람들이 눈만 마주쳤다 하면 "네 드레스가 무척 마음에 들어" "네 휠체어 끝내준다" "메이크업 멋진데" 같은 칭찬을 건넸다. **환대**라는 단어가 떠올랐다. 나는 여기서 환대받는구나.

그곳에 수많은 퀴어한(이상한) 몸들이 있었다. 자신의 존재를 끊임없이 설명해야 하는 이들이, 분명히 존재함에도 사회 속에서 재현되지 않는 이들이, 자신의 실존에 대해서는 한 번도 의심한 적 없는 사람들로부터 오는 폭력적인 시선을 주렁주렁 매달고 사는 이들이. 그 시간을 통과한 사람들은 다른 몸들을 **환대**할 줄 안다. 왜냐하면 그건 누구보다 내가 받고 싶은 환영이니까. 무엇보다 좋았던 점은 내가 거기서 꽤 셀럽이었다는 사실. 일단 눈에 띄어야 칭찬을 받는데, 그런 면에는 정말 재능이 있었다. 가슴을 발랑 깐 드레스를 입고 나는 하루 종일 광장에서 춤을 추고 키스를 날리고 노래를 불렀다.

아무것도 하지 않기

호주에서 일상이 이어질수록 지금의 내 생활을 시간표로 그린다면 얼마나 형편없을지 상상해 보았다. 애초에 미리 시간표를 그리기도 불가능했을 테지만 일과를 기록하더라도 산책하느라 세 시간이 휙, 장을 보느라 두 시간이 휙휙 사라진 텅 빈 표가 될 것이다. 빽빽히 채워져 있던 내 고등학생 시절 계획표가 가끔씩 떠올랐다.

고등학교에서 기의 모든 아이들의 목표는 자발적으로든 타의에 의해서든 **대학 가기**였다. 우리의 모든 노력과 행동은 대학을 가기 위한 움직임이어야 했다. 무엇이 되고 싶은지 알기도 전에 **뭐라도 되기 위해** 애써야 했다. 좋아하는 일을 할 때의 설렘과 벅참을 모두 졸업 이후로 유예해야 한다고 말하는 곳이 학교였다.

당시 많은 아이들의 관심사는 '무엇을 공부하는가' 보다는 '얼마나 오랜 시간 공부하는가'였다. 예쁘고 종이 질이 좋은 스터디 플래너가 유행하기 시작했는데, 특이하게 그 스터디 플래너에는 세로로 긴 직사각형의 타임 트래커가 있었다. 24시간을 10분 단위로 나눈 칸에 내가 해당 시간에 무엇을 했는지 기록하는 형식이었다. 형광펜 등으로 공부한 만큼 칸을 쭉 그어 두면 그날 내가 얼마나 공부했고 얼마나 잤는지, 딴 짓은 얼마나 했는지가 한눈에 보였다. 효율성을 높이는 좋은 도구였으나 동시에 모든 공간을 채워야 한다는 압박이 생겼다. 작은 정사각형 칸칸이 다 채운 날에는 뿌듯했고 중간중간 딴 짓을 했거나 졸아서 시간을 통으로 날린 날이면 하얀 빈 공간이 아주 신경 쓰였다.

'순공시간'(순수하게 공부만 한 시간)이라는 말이 유행하기 시작했다. 공부 시간을 재는 타이머도 인기였다. 타이머 위의 커다란 버튼을 누르면 시간이 갔고, 다시 누르면 시간이 멈췄다. 그걸 최대한 많이 쌓아야 했다. 많은 아이들이 '공스타그램'(공부한 기록을 올리는 인스타그램 활용법을 말한다. 주로 '순공시간'이 쓰인 스터디 플래너 사진을 올린다)을 했다. 소셜 미디어에는 순공 12시간, 14시간이 적힌 스터디 플래너가 아무렇지도 않게 올라왔다.

나는 오래 앉아 있으면 다리가 퉁퉁 붓는다. 때때로 관절통도 찾아 온다. 체력이 약해 잠도 많이 잤다. 다른 친구들처럼 오래 공부를 할 수 없었다. 별일 아닌 듯 공스타그램에 턱턱 올라오는 숫자를 보자면 숨이 턱턱 막혔다.

잠을 줄일 수 없으니 깨어 있는 시간에 타임 트래커를 채우기 위해 열중했다. 물론 공부를 잘하게 된 데 도움이 되기도 했다. 그러나 나는 타임 트래커의 하얀 부분을 보면서 늘 자괴감에 시달렸다. 순공시간이 여덟 시간을 넘지 않으면 그날 하루를 모두 망친 것 같았다.

지금은 스터디 플래너를 쓰지 않지만 이때의 경험은 내 안에 깊숙히 남아 나는 **빈칸**을 두려워하는 어른으로 자라났다. 이전에 고백했듯이 아무것도 하지 않는 시간을 보내면 실패한 것 같았다. 이제는 받아야 할 수능 성적도 없고, 들어가야 할 대학도 없어 새로운 목표를 찾아야 하는데 그걸 탐색할 시간을 내게 주지 않았다. 일단 무엇으로든 꾸역꾸역 빈칸을 채우는 일이 우선이었다. 인류가 정확한 시간을 알 수 있게 된 것이 어쩌면 재앙 같았다. 나는 분 단위, 초 단위로 측정되었고 늘 만족스럽지 못한 결과에 실망했다.

이곳에서 가장 행복할 수 있었던 이유는 아마 그러지 않아도 되었기 때문 아닐까. 잠시 동안 생활하던 세계와 멀어져 하고 싶은 일만 해도 괜찮았다. 일상은 단순했다. 아침에 일어나서 학교에 간다. 수업을 듣고 나와 점심을 먹는다. 옷을 갈아입고 CBD로 놀러가거나 아시안 마켓이

크게 있는 박스 힐로 가서 장을 본다. 어둑해질 때까지 이리저리 다니다가 기숙사로 돌아온다. 한 달 넘게 살아갈 공간이기에 나름의 기준도 세워 두었다. 하나, 밥은 사 먹거나 대충 때우기보다 직접 만들어 먹기. 둘, 수업이 없는 오전 시간에는 글을 쓰거나 영상을 만들기. 셋, 웬만한 거리는 대중교통을 타지 않고 걸어 다니기. 넷, 숏폼 영상은 보지 말기. 다섯, 종종 아무것도 하지 말기.

　메일은 부재중 자동응답을 걸어 두었다. 어차피 대부분 호주에 있어 참여하지 못하는 일이었다. 요리랄 것도 없지만 알배추찜이나 파스타를 자주 해 먹었다. 과일이 싼 편이고 낱개로 구입하기도 쉬워서, 평소 잘 먹지 않던 과일도 자주 먹었다. 데이터가 없으니 숏폼 영상과도 강제로 이별했다. 지도 앱을 보며 목적지까지 최단거리를 내달리지 않았다. 대신 새로운 장면을 기대하며 마음 끌리는 대로 걸었다. 우연히 함께 앉은 옆 사람과 수다를 떨었다. 늘 노트북이 들어가 있던 휠체어 그물망에는 진 언니가 사 준 비치 타올을 넣어 두었다. 눕고 싶은 곳을 만나면 벌렁 누워버릴 수 있도록. 발길이 닿는 대로 걷다가 시선을 끄는 곳이 있다면 들어가 그 일부가 되었다.

　어느 순간 **딴 생각**을 많이 하고 있었다. 그리고 그 경험이 정말이지 오랜만이었다. 머리가 쉬도록 두지 못하고 계속 어떤 정보를 주입하고 있었다는 사실을 깨달았다. 생각할 공간을 머릿속에 남기지 않았던 거다. 해야 되는 일, 밀린 일, 인터넷을 켜면 보이는 미움과 혐오, 소셜 미디어의 댓글들이 나동그라져있던 머리가 말끔해졌다. 그러자 내가 무얼 하고 싶은지, 뭐가 되고 싶은지 상상할 수 있었다. 어지러웠던 머리가 오늘 간 골목의 그래피티의 색감, 맛있었던 플랫화이트의 향기, 어제의 노을로 채워졌다. 나라가 아닌 동네 이름들을 알기 시작했다. 버스 정류장의 이름을 외우게 되었다.

물론 한국으로 돌아가면 이렇게 시간을 보낼 수만은 없을 것이다. 어찌 되었든 호주에서 나는 여행자니까. 돈을 벌 필요도 없고, 학교에 가서 좋은 성적을 받을 필요도 없는. 삶을 유지하기 위한 많은 일에서 해방되어 생생한 일상만을 느끼면 되는 위치. 그렇기에 행복할 수 있었을지도 모른다. 그래도 꼭 기억하고 싶었다. 아무것도 하지 않아도 괜찮았던 감각을 말이다. 딴 생각을 뭉게뭉게 떠올리면서 시간을 보냈던 순간, 그게 나에게 꼭 필요하다는 사실을 마음속에 남기고 싶었다.

서두르는 마음이 고개를 들 때면 여름 캠프가 끝나갈

때쯤의 나날들을 떠올린다. 나는 오후 세 시의 멜버른 칼턴 정원에 있다. 탁 트인 녹색 들판을 보고 홀린 듯 그 안으로 들어가던 순간을 기억한다. 커다란 나무가 듬성듬성 자란 들판에 사람들이 돗자리도 없이 누워 있었다. 그 속에 섞여 들고 싶어 햇살이 살짝 가려진 그늘의 벤치에 벌렁 드러누웠다. 멀리서 아이들이 아빠와 뛰어노는 소리가 들렸다. 언제까지 누워 있을지 정하지 않고 눈을 감았다. 바람이 내 곁을 스치고 지나갔다.

호주에서의 삶을 시간표로 그린다면 하얀 부분이 군데군데 있어 볼품없을 테다. 그게 참 좋았다. 작정하고 내 타임 트래커에 연필로 퍽퍽 구멍을 낸 기분이었다. 늘 그 빈칸이 괴로웠는데 이제는 바람이 드나드는 숨 쉴 구멍 같았다. 하릴없이 벤치에 누워 있는 그 순간이, 정말 행복했다.

잠시 눈을 감고 그곳에 다녀오면 이곳에서도 느리게 숨 쉴 수 있다.

남자 둘과 동거합니다

나는 망했다! 열두 번째 브리즈번 숙소로부터 예약 거절 답장을 받았을 때 든 생각이었다. 한국에서 친구들이 놀러 올 수도 있다는 말에 숙소 예약을 차일피일 미뤘는데, 멜버른에서의 여름 캠프 마지막쯤 브리즈번으로 떠나기까지 일주일을 남겨 두고 계획이 엎어졌다. 발등에 불이 떨어졌다. 급히 숙소를 구해야 했다. 그러나 괜찮아 보이는 곳은 이미 예약된 후였고 더 좋아 보이는 호텔을 가자니 1박에 20만 원이 넘어가 큰 부담이었다. 결국 개인이 집을 빌려주는 숙소 대여 플랫폼을 선택할 수밖에 없었다. 하지만 앱을 켜 브리즈번의 지도를 쭉 둘러보면 남아 있는 곳은 전원주택이 대부분이라 입구에서부터 계단이 있는 경우가 많았다. 입구 사진은 괜찮아 보여 예약 문의를 하면, 다락방이나 2층 방을 빌려주기 때문에 '미안하지만 이 집은 어려울 것 같다'라는 회신만 돌아왔다.

한 달 동안 호주의 햇살을 만끽하며 초긍정걸이 되었던 나지만, 멜버른의 화창한 햇살도 열 번 넘는 거절 메시지가 주는 무력감을 지워내지는 못했다. 호주에 못 온다고 미리 확정해 주지 않은 친구에게 괜히 심술이 나서 대판 싸웠다(이후 눈물을 흘리며 화해했다). 하지만 누가 알았을까. 이 모든 거절이 최고의 친구를 소개해 준다는 것을. 내게는 호주를 생각하면 함께 떠오르는 사람들이 있다. 2주간 나의 가족이 되어준 벤과 로이, 브리즈번에 그들이 있다는 사실을 떠올리면 나는 왠지 든든해진다.

처음 숙소를 알아볼 때는 벤과 로이의 집을 고려하지 않았다. 가정집의 방 한 칸과 화장실만을 빌려 주었기 때문이다. 가족이 아닌 사람들과 한집에 살아 본 적은 없어서 고민스러웠다. 하지만 거절의 메시지를 연이어 받고 나니, 생각이 바뀌었다. 일단 들어가 잠만 잘 수 있으면 된다! 혹시 숙소에서 넘어지거나 미끄러져 다칠 가능성—나의 가장 큰 현실적 공포다—을 생각했을 때 오히려 누군가가 함께 있으면 더 안전할 것도 같았다. 정성과 사랑이 가득 담긴 5점 리뷰만이 가득했다는 점도 선택의 이유가 되었다. '사랑스럽고' '존중이 가득하며' '꼭 다시 만나고 싶은' 호스트는 어떤 사람일지도 궁금했고.

숙소 설명에는 호스트가 게이 커플이라는 소개가 있었다. 다시 말해 나는 남자 둘과 동거하게 된 것이다. 그 사실을 걱정 대장인 우리 엄마, 현미 씨에게는 체크인 날까지 말하지 않았다. 그들은 자신의 관계를 밝히며 이 숙소는 '성소수자 친화적LGBTQI + friendly'이라고 소개했다. 그 말이 어쩐지 장애를 가진 나에게도 안전하게 느껴졌다.

멜버른을 떠날 때쯤 벤에게서 체크인 방법을 알리는 길고 긴 문자가 도착했다. 브리즈번에 가는 것부터는 여름 캠프의 학생들도, 진 언니도 없이 혼자 해야 했다. 의지할 것이라고는 그 메시지뿐이었다. 멜버른의 공항에서부터 그리운 가족의 물건을 만지작거리는 것마냥 벤의 문자를 계속 들여다봤다. 브리즈번공항에서 한 번에 가는 기차를 타고 포티튜드 밸리역에 내리기. 출구로 나와 좌회전, 다시 우회전하면 나오는 큰 건물로 들어가기. 공동현관에서 인터폰 하기. 별 어려운 일도 아니었지만 디지털 메시지가 닳고 닳을 만큼 자주 채팅창을 열었다. 걱정이 무색하게 기차를 탈 때부터 출구로 나설 때까지 역무원이 동행해 아파트까지 가는 것은 어렵지 않았다. 공항에서 산 초콜릿 한 봉지를 들고 숙소 문을 두드렸다.

해맑은 표정의 (거의) 까까머리 남자가 현관문을 활짝 열었다. 앱에서 본 바로 그 얼굴이었다. 나는 어색하게 삐걱이며 인사를 하고 대뜸 초콜릿을 내밀었다. 벤과 로이가 영어권 사람 특유의 '어＼어／' 하는 콧소리를 내며 받아들였다. "고마워! 뭔가 사 오지 않아도 되는데~" 벤의 인사말이 '뭘 이런 걸 다 사와' 같은 구수한 한국말처럼 들렸다. 나는 첫인상을 어떻게 잡아야 할지 고민하고 있었다. 몸이 불편하지만 당찬 아시아 소녀 정도로 할까, 아니면 초장부터 왕창 부탁을 해서 마음의 준비를 하게 할까. 역시나 마음은 전자로 쏠렸다. 나는 여유로운 표정과 함께 멜버른에 한 달간 있었음을 강조하며 능숙한 여행자인 티를 마구 내었다.

태연하게 캐리어를 끌어 내 방으로 들어가려 하는데, 벤이 "캐리어 들어 줄까?"라고 물어 왔다. 아직 콘셉트 유지 중이었던 나는 씩씩하게 "노 땡스!"를 외쳤는데, 보란 듯이 무거운 캐리어 손잡이를 놓치고 말았다. 나는 여전히 내 옆에 서 있는 그들을 어색하게 올려다보면서, 황급히 말을 바꾸었다. 예스 플리즈. 그는 별일 아니라는 듯 웃으면서 캐리어를 옮겨 주었다.

누군가가 이미 생활하는 공간에 들어가는 일에는 생각보다 많은 조율이 필요했다. 걷는 사람과 구르는 사람은 시야의 높이도, 동선도, 손이 닿는 범위도 모두 달라 우리는 첫 만남부터 꽤 많은 부분을 맞추어야 했다. 처음으로 눈치챈 것은 그들의 맨발이었다. 따로 신발을 벗는 현관도 없는 호주 아파트에서 벤과 로이가 신발을 벗고 있어서 놀랐다. 휠체어를 타는 내게는 오히려 함께 사는 사람들이 신발을 신고 다니는 문화가 마음이 편했기 때문이다. 얼른 바퀴를 닦겠다는 내 말에 둘은 종종 집 안에서 신발을 신기도 한다며, 전혀 그럴 필요 없다고 했다. 한국인은 이게 빈말인줄 알았으나… 얼마 뒤 출근하는 로이가 방에서부터 운동화를 신고 나와 거실의 하얀 카펫을 퍽퍽 밟는 모습을 봤다는 후문.

방으로 들어가려는데 이번에는 거실의 카펫에 휠체어 바퀴가 걸려 버렸다. 아무래도 독립적인 아시아 소녀 연기는 이미 망한 것 같았다. 반사적으로 사과하는 내게, "밟아도 돼! 미안해할 필요 없어"하며 로이가 카펫을 반으로 접어 주었다. 그리고 내가 지내는 2주 동안 카펫은 늘 접힌 채였다.

여행이란, 낯선 곳에서 마주한 많은 것을 가지고 돌아오는 일이라고 생각했다. 하지만 반대로 내가 여행지에 많은 것을 남겨 두는 일이기도 했다. 두 남자와 동거하며 참 많은 부분을 바꾸었다. 체크인 다음 날 있었던 일이다.

뇌성마비는 긴장하면 몸이 뻣뻣이 굳는다. 그날 나는 냉장고 위쪽 선반에서 음식을 꺼내다가 재택 근무 중인 벤의 시선을 느끼고 긴장하는 바람에 그대로 넘어졌다. 그렇게 천천히 넘어가면서… 몸이 불편한 여자애를 게스트로 들여서 괜한 일이 생긴다고 생각하면 어쩌나, 빨리 나가달라고 하면 어쩌나 하는 수십 가지의 고민을 찰나에 떠올렸다. 부정적인 생각이 떨어지는 몸을 휘감는 중에 벤의 목소리가 들려왔다.

"괜찮아? 어떻게 일으켜 줘야 할까?"

나는 뒤에서 내 허리를 잡고 들어 줄 수 있냐고 물었다. 만난 지 하루밖에 되지 않았는데, 우리는 서로를 얼싸안고 끙끙대며 몸을 일으켰다. 나는 또 입에 붙어 버린 사과를 했다. 그는 웃으면서 "네가 원하는 만큼 나를 짜증나게 해도 돼"라고 농담을 건넸다. 그 말이 엄청 좋았다.

내가 넘어진 이후, 그들의 음식 재료들은 한 칸 혹은 두 칸 위로 올라갔다. 벤은 자신의 식료품들을 모두 올려두고 제일 밑 칸을 비웠다. 그때부터는 일어서서 물건을 집을 필요가 없었다. 세제를 가져오지 않은 내가 그들의 세제를 써도 되냐고 물었을 때도 그랬다. 낮 시간 느지막이 일어나 세탁방에 갔더니 어느새 세제와 섬유유연제는 내 손이 닿는 작은 선반 위에 올라가 있었다.

그 외에도 많은 흔적을 그들의 집에 남겨 두고 왔다.

휠체어로 화장실 턱을 오르다 생긴 작은 흠집은 여전히 그 집에 남아 있을 것이다. 긴 설 명절을 맞아 아빠가 브리즈번에 오기도 했는데 한국 아저씨답게 선물로 무려 인삼 진액을 잔뜩 사 왔다. 확신하는데, 이 까다로운 백인 남자들은 그걸 아직 안 먹고 어딘가 서랍에 두었을 게 분명하다. 먼지 한 톨 없는 미니멀리스트들의 집 어딘가에 인삼 진액 무더기가 있다고 생각하면 웃음이 난다. 함께 찍어서 인화해 둔 우리의 셀카도 어딘가에 있기를. 벤과는 지금도 문자를 주고받는다. 그들의 기억 속에도 내가 남아 있다고 생각하면, 멀리 떨어진 나라에 성큼 가 있는 기분이 든다. 내가 남겨둔 흠집과 엽서와 기억을 타고 나는 금방 그곳으로 돌아갈 수 있으니까.

사람이 싫다는 고백

무언가에 대한 호오, 특히 싫어한다고 단언하기를 꺼리는 편이다. 내 마음이 어디로 향할지는 모르는 거니까. 싫다고 생각했는데 막상 접해 보면 괜찮은 정도를 넘어 좋아지는 것이 있다. 그런 만남의 기회를 미리 차단하기는 아쉬워 웬만해서는 무언가를 싫다고 하지 않는다. 그 예로 가지(물컹한 식감을 싫어했는데 루가 해 준 가지 튀김을 먹고 신세계를 맛봄), 그리고 게임 '스타듀밸리'(잔잔한 농장 육성 게임이 재미없다고 생각했는데 막상 시작하니 제대로 중독되어 200시간을 플레이한 전적이 있음)가 있다.

이렇게 변덕스러운 나지만 하나는 확실히 말할 수 있다. 나는 사람이 싫다. MBTI 검사를 하면 늘 외향형이 나오지만 그냥 밖을 돌아다니기를 좋아하는 사람일 뿐이다. 사람들 하고 잘 어울릴 수 있는 성향과 어울리기를 즐기는 성향은 다르다. 사람은… 피곤하다. 나는 내가 통제할 수 있는 상황을 좋아하는데, 많은 수의 사람 속에서는 필연적으로 그게 불가능하다. 시간을 내서 사람들과 어울리는 일도 잘 못한다. 연락을 습관적으로 주고받거나 중요한 날을 챙기고 힘들어 보일 때 위로의 말을 건네는 다정이 내게는 부족하다. 모르는 사람들로 시선을 멀리 옮기면 더 그렇다. 참을 수 없는 일을 저지르는 것은 늘 사람이다. 어느 정도 합의를 이루었다고 생각하는 사안에 대해서도 인류의 시계를 100년 정도 되감아 버리는 발언을 쏟아 내는 사람들이 있다. 그럴 때면 다시금 마음을 굳힌다. 역시 사람이 싫다. 단언하지 않겠다고 한 문단 전에 선언한 주제에 바로 이렇게 말해 버리고 만다.

그런데 참 이상하지. 고작 브리즈번에 머무는 2주 동안 나는 까까머리 남자 둘을 사랑해 버리고 말았다. 그들은 숙련된 호스트였기에 잠시 머무는 게스트에게 넘치게 관심을 주지는 않았지만, 그 점이 나를 더 목마르게 만들었다. 아직도 지구 반대편에 있을 벤과 로이를 생각하면 짝사랑하는 사람이 된다. 혼자 그리워했다가 (나를 기억하지 못할까 봐) 혼자 서운하고, 또 혼자 용서하고 그런다. 비단 그들이 나와 함께 지내는 동안 나를 **배려**해 주어서는 아니다. 그것보다 작고 사소한 순간에 자꾸만 이들이 좋아졌다. 신식 아파트에서 신발을 벗고 지내는 이 둘은 그냥 보기에는 옆집 주민 같은 친근함을 주었지만, 그럼에도 다른 점들이 툭 튀어나왔다. 한없이 비슷한 사람이었다가 갑자기 엄청 먼 사람처럼 느껴질 때도 있었다. 그러다가도 다시 훅 가까워지곤 했다. 역시 밀당은 사랑의 기본.

멜버른에서 이곳저곳을 많이 돌아다녔기에 브리즈번에서의 목표는 **잘 쉬기**였다. 그 목표를 충분히 실현하려 정말 게으르게 하루를 보냈다. 어떤 여행객보다 길게 아파트에 머물렀을 것이다. 도보 3분 거리 카페에 하루 종일 있다가 아파트 1층 바에서 와인 한잔을 한 적도 있었다. 나는 그날 낯선 나라에서 하루 종일 300미터도 움직이지 않았다. 그들이 출근하면 잠옷 차림으로 그들을 배웅했고, 퇴근하면 소파에 늘어져 있다가 인사하곤 했다. 그때의 내 즐거움 중 하나는 벤과 로이를 관찰…. 이렇게 말하니 너무 음침하다. 그들과 나의 다른 점을 포착하는 재미가 있었다는 정도로 해 두자. 한집에 살고 있지만 정말 다른 종족처럼 느껴질 때가 종종 있었다.

*

이름: 벤

성격: 활달하나 단호한 면이 있음. 뮤지컬을 좋아함.

주 서식지: 그의 안방, 재택 근무를 하는 거실 책상.

특기: 호주식 유머.

이름: 로이

성격: 첫인상은 무섭지만 웃음이 많은 남자. 때때로 벤보다 더 큰 리액션.

주 서식지: 그의 안방, 직장.

특기: 레시피만 있다면 어떤 요리든 훌륭히 만들 수 있음.

사건 파일 #1 밥 먹기

'밥 먹었어?'가 인사인 나라의 사람들에게 먹는 것은 얼마나 중요한가. 미운 사람에게는 '밥풀도 없'다고 윽박지를 만큼 한국인에게는 밥과 나누어 먹는 행위가 중요하다. 주방에서 간단한 요리를 하는 내게 우리 호스트들은 늘 이렇게 묻곤 했다.

"좋은 냄새가 나네! 이건 뭐야?"

계란찜을 설명할 길이 없어 나는 잠깐 눈을 굴린다. '찐 계란steamed egg'이라고 해 보지만 그것만으로는 표현이 다 안 되는 기분이었다. 갑자기 미셸 자우너의 《H마트에서 울다》가 떠올랐다. 한인 2세로 태어나 평생 미국에서 자란 아티스트 미셸에게 한국 음식은 돌아가신 엄마와 자신을 잇는 강한 고리다. 미셸은 계란찜을 '한국 식당에서 정성 들여 만드는 반찬, 향긋한 풍미가 식욕을 돋우는 계란 커스터드'라고 설명한 바 있다. 그때는 이 설명이 정확하면서도 굉장히 낯설다고 생각했는데, 내가 그 말을 하게 될 줄이야. 나는 계란찜을 만든 찜기를 열어 보이면서 "계란을 섞어 찐, 커스터드 푸딩 같은 음식인데 짭조름해"라고 구구절절 말했다. 벤은 이해해 보려는 듯 입을 '오' 모양으로 한 채 고개를 끄덕인다. 간단한 음식마저 이렇게 긴 문장으로 설명해야 한다는 사실에 사뭇 놀랐다. 그리고 한국인이라면 당연히 덧붙여야 하는 말을 했다. "원한다면 먹어 볼래?" 그는 산뜻하게 답한다. "괜찮아!"

마음이 찢어졌지만, 다음 날 아침에 로이가 샌드위치를 만들어 혼자 소파에서 먹고 있는 모습을 보고 찢어진 마음을 수습했다. 나한테는 당연히 안 줘도 되지만 벤이랑은 나눠 먹을 수 있잖아. 니 남자친구잖아…. 그때 깨달았다. 같이 있어도 음식을 나눠 먹지 않을 수 있는 거구나.

그러다 마침내 '한 입 먹어 볼래?'가 통한 순간의 기쁨은 이루 말할 수 없었다. 새송이버섯 버터 간장 조림을 하고 있을 때였다. 아시안 마켓에서 아주 오래된 느낌의 한글 폰트로 **새송**이라고 적힌 버섯을 보고 반가운 마음에 냉큼 사 왔다. 로이가 다가와 무슨 요리를 하고 있냐고 물었다. 새송이버섯 조림이라 함은 내가 가장 자신 있는 요리. 계란밥 위에 버섯 조림을 덮어 슬쩍 그의 앞으로 밀고는 말했다. "원한다면 먹어 봐!"

사실 이렇게 멋지게 말하지는 못했다. 벤과 로이의 이목이 집중되자 영어가 마구 꼬이고 말았기 때문이다. 나는 간신히 "코리안… 나눠 먹는 거 좋아해. 늘 그런다. 먹어 봐" 정도로 한 입 먹여 주고 싶어 안달난 할머니처럼 말했다. 내가 너무 진지하게 말한 나머지 로이가 포크를 들었다. 그는 아주 작은 버섯 조각을 집어서는, 입에 넣었다. 곧이어 그는 눈을 크게 뜨고 "음~"하는 소리를 냈다. "이거 레스토랑에서 만든 것 같은데?" 날아갈 것 같은 기분이었다. 그러나 그는 금방이라도 밥 절반을 나눠 줄 기세인 나를 두고 진짜 '한 입'만 먹은 뒤 방으로 쏙 들어가 버렸다. 합리적 의심이 스멀스멀 고개를 들었다. 혹시 들어가서 뱉은 거 아니야?

함께 지내며 느낀 가장 큰 차이가 바로 이 '함께 먹는 것'이었다. 나누어 먹는 문화가 만국 공통이 아님은 알았지만 평생 이렇게 살아온 사람으로서 한 입 주지 못하고, 또 먹지 못하는 게 가끔은 서운하기도 했다. 그래서 벤에게서 퇴근 후 와인을 나누어 마시자는 메시지를 받고 아주 기뻤다는 사실은 설명할 필요도 없을 것이다. 심지어 거실에 있는 안주 냉장고에서 제일 좋아한다는 당근색 치즈를 꺼내 주었을 때는 아주 황송한 기분마저 들었다. 이렇게 나는 '밀당'에 완전히 넘어가 버리고 말았다.

사건 파일 #2 진짜 자냐?

호주의 아침은 정말 빨리 시작된다. 새벽 5시 반부터 카페들이 문을 열기 시작한다. 새벽 4시에 반려견과 산책을 나가는 사람들도 있다. 그만큼 호주의 밤은 빨리 찾아온다. 우리 호스트들의 평균 취침 시각은 9시였다. 나는 8살 이후로 9시에 자 본 적이 없다. 아침 9시면 모를까. 그마저도 하루를 바쁘게 보낸 날이면 그들은 7시, 8시에도 자러 갔다. 덕분에 조금이라도 늦게 들어온 날에는 어김없이 밤 인사를 하지 못했다. 이런 생활 패턴 때문에 생긴 일화가 있다.

뮤지컬을 보러 간 날이었다. 해외에서 공연을 예매해 감상하는 경험은 처음이었으므로 아주 들떴다. 가지고 있는 유일한 원피스를 입고(등 지퍼를 올리느라 40분이 걸렸다), 재택 근무를 하는 벤에게 자랑까지 했다. 사실 그 뮤지컬도 벤에게 추천받은 작품이었다. 한참을 떠들고 브리즈번 강변의 예술 센터로 향했다. 무대와 꽤나 가까운 휠체어석이 아주 만족스러웠고 우리나라와 다르게 간단한 음식과 와인 한잔을 곁들이는 편한 분위기도 마음에 들었다. 각 넘버가 끝난 이후에는 박수뿐 아니라 환호에 온갖 다양한 리액션이 터져 나왔다. 다인종이 출연하는 뮤지컬을 본 것도 처음이었다.

완벽한 저녁이었다. 그렇다고 생각했다. 내 열쇠가 부엌 식탁에 있다는 사실을 알기 전까지는.

집으로 돌아가는 기차역에서 열쇠가 없다는 사실을 깨달았다. 시계는 9시 50분을 가리키고 있었다. 급하게 벤에게 '잠을 깨워 정말 미안하지만 열쇠를 두고 왔어. 열쇠 우체통에 넣어 줄 수 있을까?'라는 메시지를 보냈다. 답이 오지 않았다. 큰일이다. 나의 호스트, 분명히 잔다…. 리틀 아시안 걸이 돌아오지 못한 것도 모른 채로…. 일단 집 로비까지 향했지만 보안이 철저한 아파트는 열쇠가 없으면 엘리베이터도 타지 못했다. 비록 첫날부터 카펫도 밟고 넘어지고 화장실 문턱에 살짝 흠집도 냈지만, 어쩔 수 없이 그를 깨워야 했다. 큰맘 먹고 전화를 걸었다. 곧이어 그의 발랄한 목소리가 들렸다. "여보세요? 벤입니다!" 다행이다. 받았다! "깨워서 미안해. 내가 열쇠를…" "지금은 전화를 받을 수 없어요. 가능할 때 다시 전화드릴게요!" 본인이 만든 부재중 알림 응답이었다.

아무리 호주에서 한 달을 넘게 산 나라지만 새벽에 돌아다니는 무모한 행동은 하고 싶지 않았다. 더군다나 우리 아파트는 클럽과 바, 유흥으로 유명한 포티튜드 밸리에 있었다. 몇 차례의 호출과 전화에도 우리의 호스트들은 일어날 기미가 보이지 않았다. 왜 스마트 도어락을 쓰지 않나요. 정녕 이곳에 키를 잃어버리는 사람은 없나요. 아직 깨어 있던 동생에게 메시지를 보내 상황을 공유했다. 〔조졌음〕〔왜〕〔열쇠 놓고 와서 집 못 들어감〕〔저런〕 도움을 받으려고 한 메시지는 아니지만 정말 도움이 안 되는 좋은 대화였다.

나는 그냥 로비에서 기다리기로 결정한다. 다행히 아파트 보안관이 로비에 상주하고 있었다. 사람은 싫어하지만 또 잘 지낼 수 있는 나답게 그와 한참을 떠들었다. 그의 딸이 나랑 동갑이고 케이팝 팬이며 특히 BTS를 좋아한다는 사실까지 알았다. 그는 내가 화장실을 참을 수 없어졌을 때 6층 수영장에 있는 장애인 화장실로 안내해 주기까지 했다.

나름 즐거운 시간이었다. 그와 한참을 대화했고, 읽고 싶었던 책도 두 권이나 읽었다. 술 한잔하고 늦게 귀가하는 사람들이 누가 봐도 집에 못 들어가고 있는 여자에게 해맑게 '굿 나잇!' 인사를 하고 집으로 들어갔다. 새벽 4시가 넘어가자 큰 개를 데리고 나오는 사람들이 '굿 모닝!' 인사를 해 왔다. 정말 헛웃음이 날 정도로 긍정적인 나라였다. 나는 울지도 웃지도 못하는 얼굴로 손을 들어 화답했다.

드디어 새벽 5시가 되었다. 이제는 로이가 직장에 갈 시간이다. 떨리는 마음으로 인터폰을 하자 아무것도 모르는 순진하고 밝은 남자의 목소리가 들려온다. "누구세요?" "나야, 지우…." '오우 노우'하는 그의 탄식과 함께 엘리베이터 문이 열린다. 제일 완벽한 하루를 보냈던 내가 가장 예쁜 원피스를 입고, 피곤을 온몸에 얼룩덜룩 묻히고서는 집 안으로 들어온다. 하얗게 질려 기분이 끔찍terrible하다는 로이에게 엄지를 치켜세우며 일단 자겠다고 말한 뒤 옷도 갈아입지 못하고 잠에 들었다. 늦은 오후가 되어서 일어난 나는 왠지 민망한 마음에 얼른 집에서 빠져나왔다. 벤에게서는 괜찮냐며 오늘 저녁에 보자는 메시지가 와 있었다. 소란을 일으켜 미안하다고, 오늘은 열쇠를 잘 챙겨 나왔다는 답장을 보냈다.

그날 귀가하는 데는 큰 용기가 필요했다. 나를 걱정했을 호스트들에게 뭐라고 설명할지 한참을 고민했다. 아침에 일어나 몇 건의 부재중 전화 알림을 봤을 벤을 생각하면 귀가 화끈거렸다. 몇 번 시뮬레이션을 돌리고, 현관문을 열었다. 거실이 텅 비어 있었다. 아아, 나의 호스트들. 잔다….

*

모르는 사람과 함께 살아야 한다는 점 때문에 숙소 예약을 망설이던 때가 언제였냐는 듯 그 집에서의 모든 순간이 좋았다. 혼자 호텔 방에 머물렀다면 절대 하지 못했을 많은 경험을 했다. 출근한 벤의 책상에서 원고를 쓸 때의 기분, 머리에 새집을 짓고 늘어지게 하품하며 방에서 나오면 똑같은 머리와 차림새를 한 남자들이 있었던 토요일 아침의 느긋한 공기가 아직도 내 피부에 남아 있다. 나열하려면 끝도 없는 시간들이 거기 있다. 데이트 후 돌아와 나에게 작은 캥거루 인형을 선물하곤 '깡총이Skippy'라는 이름까지 붙여 주던 일. 아침에 일어나 무엇을 할지 몰라 방황하는 나에게 그날의 현지인 코스를 추천하던 벤. 그런 그에게 내가 붙여 준 별명 '베니바이저^{Benivisor}'(그의 이름과 여행 추천 플랫폼 '트립어드바이저'를 합친 것). 식탁 바에 서서 아빠와 나, 벤과 로이가 와인을 두고 한참 대화를 했던 밤. 마지막 인사로 아빠와 단단한 악수를 주고받고 나를 안아 주었던 것. 이런 시간을 생각하다 보면 나도 모르게 입꼬리가 올라가 있다.

사람이 싫다고 숨 쉬듯 말하는 나는 얼마나 또 쉽게 사람을 사랑해 버리는지. 사실 사람이 싫은 이유는 그만큼 사랑하는 사람이 많아서가 아닐까. 지키고 보호하고 싶은 사람이 많아서, 내가 아주 사랑하는 사람들을 괴롭게 하는 것도 사람이라서 말이다. 그렇게 생각하고 나니 역시 사람이 싫다고 단언하지 않는 편이 좋겠다. 싫은 점을 떠올리면서 보기 싫은 얼굴을 되새김질할 시간에 사랑하는 사람들의 얼굴을 더 많이 봐야지. 아, 그 둘과는 그게 마지막 만남이었냐면, 아니다. 이 까다로운 남자들을 사랑해 버린 나는 또 한 번 그들을 보러 브리즈번에 갔다. 그건 조금 더 뒤의 이야기.

도움 받을 용기

"우리는 도움 요청 아티스트야." 휠체어를 타는 친구 지민이 멜버른으로 여행 왔을 때 한 말이다. 브리즈번에서는 누구와도 함께 다니지 않고 혼자 여행했기 때문에 도움을 청할 때면 지민의 이 능청스러움을 기억해 냈다. 그리고 아티스트처럼, 전문가다운 모습으로 이렇게 물었다. "죄송한데요, 좀 도와주실 수 있을까요?"

'○○이 아니라 ○○ 아티스트예요'는 2022년도에 자주 쓰였던 밈인데, 자신의(보통 조금 부정적인) 현재 상황을 긍정적으로 표현할 때 쓴다. 예를 들어 '저는 백수가 아니라 집 지키기 아티스트예요'라는 표현이 있다. 우리의 경우, 지민의 말을 빌리자면, '우리는 몸이 불편한 사람이 아니라 도움 요청 아티스트예요'쯤으로 활용할 수 있겠다. 그 말이 아주 마음에 들었다.

여행하며 홀로 해낼 수 있었던 많은 일을 이야기했지만, 도움 받을 일 역시 참 많았다. 그럼에도 나와 지민이 호주에서 자유롭다고 느꼈던 이유는 이곳에서 '도움 요청 예술'이 잘 작동했기 때문이다. 《실격당한 자들을 위한 변론》에서 김원영 작가는 '존엄을 구성하는 퍼포먼스'에 대해 이야기한다. 이 책에는 친구들과 함께 계곡으로 놀러 나가지 못하는 어린 작가 옆에 '나 피부 관리 해야 한다'며 드러눕던 초등학생 시절의 친구나, 카페에서 옆자리의 자폐 아동이 내는 소리를 부러 못 들은 체하는 대학생 등이 그려진다. 작가는 이것을 일종의 상호 작용이자 연극과 같은 퍼포먼스로 비유했다. 나는 이 '도움 요청 예술' 역시 하나의 유려한 연극이라고 느낀다.

브리즈번의 도시 주변은 가파르거나 험난한 지형이 많아 내 작은 휠체어로는 가지 못하는 곳이 종종 있었다. 그럴 때마다 아티스트로서 최선을 다하며 도움을 청했다. 특히 야경이 아름답다는 캥거루 포인트의 클리프스 공원에 가 보기로 한 날, 나의 아티스틱함은 빛을 발했다. 근처 평점이 좋은 피시 앤 칩스 레스토랑에서 저녁을 해결하고 야경을 본 뒤 돌아오면 되겠다는 계획이었다. 클리프(절벽)라는 이름에서 알아봤어야 했는데….

낮에는 도서관에서 한국 소설을 읽고 오후에는 보타닉 공원에 들러 한참 시간을 보내다가 캥거루 포인트까지 걸어… 아니 굴러 가기로 했다(나는 걷지 않으니 구른다는 표현이 맞지만, 관용적인 표현으로 '걷다'를 종종 쓴다). 나무에서 끝없이 꽃가루가 떨어지는 숲길을 지나 강을 가로지르는 다리를 건넜다. 이제 10분 정도만 더 걸으면 레스토랑에 도착한다.

문제가 생겼다. 분명 구글 지도에 '거의 모든 곳이 평지'인 경로라고 표시되어 있었는데, 눈앞에 고가도로와 연결되는 곡선 도로가 나타났다. 그 경사와 곡률이 상당해서인지 한 행인은 자전거를 손으로 끌며 내려오는 중이었다. 애써 부정하며 지도를 잘못 봤다고 생각했지만… 안타깝게도 나는 지도 보기에 상당한 소질이 있었다.

망연히 도로를 올려다보는데, 아까 자전거를 끌고 내려오던 행인이 나를 신경 쓰고 있는 것이 뒤통수로 느껴졌다. 여기서 '도움 요청 예술'이 진가를 발휘한다. 우리 둘은 서로를 인지하고 있지만 섣불리 상대를 판단하지 않는다. 어떠한 공기가 형성된다. 누군가 말을 시작하면 적극적으로 다음 행동을 선보이겠다는 약간의 긴장과 함께.

내가 먼저 대사를 시작한다. "죄송한데요, 이곳으로 가려면 이 길 하나밖에 없나요?" 그는 한달음에 내게 가까이 와서 다음 대사를 잇는다. "네, 맞아요." 그리고 잠시 정적. 이제 다음 대사를 칠 차례다. "혹시 죄송하지만… 이 도로 위까지만 휠체어 좀 밀어 주실 수 있을까요?" 그는 화답한다. "물론이죠."

그는 인도 변에 자전거를 내버려두고 내 휠체어 손잡이를 잡는다. 약 3분 정도 우리는 시답잖은 대화를 나누면서 가파른 도로를 오른다. 마침내 평평한 곳에 도착했을 때 나는 말한다. "고맙습니다. 혼자였으면 못 왔을 거예요." 그는 웃으며 퇴장한다. 이 예술은 언제든 시작하고 언제든 끝날 수 있다. 나의 경우, 바로 3분 뒤 즉흥 연극이 다시 시작되었다는 문제가 있기는 했다. 평평한 곳이 이어질 거라고 생각했는데 거의 체감 60도는 되는 경사가 다시 나타났다. 호기롭게 혼자 오르기 시작했다가 중간쯤 왔을 때 어중간한 상태로 경직되고 말았다. 내 휠체어는 보조 모터가 달렸지만 수동 휠체어에 가까워서, 힘이 모자라면 경사 아래로 추락할 것 같았고 너무 세게 앞으로 가려고 하면 뒤로 홀랑 넘어가 뒤통수를 깰 것 같았다. 열 시간 같은 1분이 흐르고… 나타난 사람에게 또다시 대사를 건넨다. "도와주세요!" 그는 달려와 화답한다. "이렇게 밀면 될까요?"

두 명의 걷는 사람이 건넨 손길, 힘을 내 준 휠체어 모터와 경사에서 흘린 식은땀 덕분에 절벽 위에서 먹는 피시 앤 칩스는 정말 맛있었다. 공원에 도착했을 때는 마땅히 올라갈 경사가 없어서 인도 위 벤치에 앉아 있던 남성 두 명이 휠체어째로 나를 들어올려 주는 행위 예술을 선보이기도 했다. 이 모든 퍼포먼스 이후에 마주한 석양은 정말 아름다웠다. 브리즈번 도시 한가운데를 가로지르는 강은 검은색으로 부서지고, 그 검은 물결 너머 오늘 하루 중 가장 붉을 태양이 지고 있었다. 그 해를 숨겨주듯 우뚝 솟은 강가 주변 빌딩들을 보며 나는 언제 저 빨간 해가 몸을 전부 숨길 수 있을지 한참도록 궁금했다.

장애를 가지고 살면 얼마간 모두가 도움 요청 아티스트가 된다. 내가 도움을 받아야 한다는 사실 자체가 수치스럽던 시기도 있었다. 모든 것을 내가 해내야 한다고 생각했지만 당연히 그러지 못했으므로 그때마다 실패자가 되었다. 대뜸 도움을 준다고 다가오는 사람들이 불편하기도 했다.

이제는 안다. '도움 요청 예술'이 매끄럽고 우아하게 공연될 때 얼마나 매력적인지를. 우리 둘 다 무대에 올랐음을 알고 있지만 옳은 타이밍을 살필 때의 분위기를. 그 공연의 또 다른 연기자에게 첫 대사를 던지고 그에 화답하는 대사를 받을 때 얼마나 기쁜지를. 여전히 대사의 호흡이 맞지 않으면 민망하기도 하고, 내가 준비되지 않았는데 즉흥 연기를 시작하는 사람을 만나면 당황스럽기도 하다. 하지만 우리의 예술이 매끄럽게 흘러가면 나는 공연을 무결하게 끝낸 배우라도 된 듯 안도와 기쁨을 느낀다. 무대 위 단둘뿐인 배우인 우리는 이 단막극을 오래 기억할 것이다.

취약한 사람만이 가질 수 있는 것

'세상을 바꾸는 시간 15분' 강의록에서 발췌

"잠시만요. 저 좀 도와주시겠어요?"

라는 말을, 여러분은 얼마나 자주 사용하시나요? 아마 전혀 사용하지 않으시는 분도 계실 것이고 굉장히 많이 사용하시는 분도 계실 겁니다. 저는 오늘 이 도움에 대해 이야기해 보려고 합니다.

사실 비밀이 하나 있는데요. 저는 이 세바시 무대가 두 번째입니다. '세바시 구르님'이라고 검색을 하시면 저의 앳된 20살 때의 영상이 보일 거예요. 이번 강의를 준비하면서 4년 전 영상을 다시 한번 시청했습니다. 가장 많이 달라진 점이 눈에 띄더라고요. 저는 '내가 못하는 것'을 더 많이 알게 되었습니다. 이상하죠. 좋은 방향으로 성장했다면 더 강인한 사람이 되어서 취약한 점은 적어지고, 잘 하는 일이 많아져야 하지 않나요? 그럼 저는 4년 동안 퇴보한 것일까요?

답변을 하기 이전에, 먼저 사진 한 장을 보여드리고 싶습니다. 제가 올해 초 호주에 갔을 때의 사진인데요. 당시에 저 혼자 캐리어와 휠체어를 끌고 호주로 가서 한 달 반 동안 생활을 했습니다. '몸이 불편한 데도 대단하다'는 말을 많이 들었어요. 그런데 제가 이때 느낀 점이 뭔 줄 아세요? '나 정말 대단해. 진짜 혼자 모든 것을 할 수 있겠다'가 아니라 '내가 못하는 것도 있다'는 거였어요.

그렇게 인정하고 나니 다른 풍경이 보이더라고요. 바로 '다른 사람에게 도와달라고 해도 괜찮다'는 사실이었습니다. 내가 할 수 없는 특정 부분을 받아들이지 못했다는 이유로 전체 목표를 포기해 버리는 것이 아니라 그 부분을 어떻게 메꿀 수 있을지 고민할 때 저는 성장했습니다.

*

저는 그렇게 더 많은 사람을 거쳐 가면서 수많은 장소에 가닿을 수 있었습니다. 모든 환경이 정말 흠이 없을 정도로 완벽해서 누구나 불편 없이 살아갈 수 있다면 가장 좋겠지만 현실 세계에서는 미처 메우지 못한 빈틈들이 생기고 맙니다. 그런데 그랬을 때 중요한 점은요, 그 빈틈이 메워질 때까지 기다리라며 누군가의 접근을 막는 것이 아닙니다. 덜컹대더라도 그 빈틈을 부드럽게 채워 줄 방법을 마련하는 것이에요. 저의 경우에는 그게 제 휠체어 손잡이를 잡아 주는 사람들의 손이었습니다. 가끔은 민폐를 저지를 용기 그리고 다른 사람의 민폐를 눈 감아줄 관용, 이 두 가지가 있다면 더 많은 것을 해낼 수 있겠다 생각했습니다.

근데 이러면 또 어떤 분들은 이렇게 말씀하세요. "그건 외국이니까 가능한 일 아니야? 한국은 사람들이 도와주지도 않고 정도 없고…" 어느 정도는 맞는 말일 수도 있죠. 하지만 저는 사실 여행을 해 나가면서 한국이 더욱 좋아지기도 했어요. 우리나라 사람들 하면 뭐예요? 오지랖이잖아요. 불편한 순간들도 물론 있죠. 하지만 저는 이 오지랖 때문에 살아남은 순간들이 많아요.

대형 마트에 쇼핑을 갔을 때 이야기를 해 드릴게요. 제가 원하는 물건이 너무 높이 있어서 손이 안 닿으면 예전에는 이걸 티 내기 싫었거든요. 그래서 마트를 빙빙 돌아서 직원분을 찾아 꺼내 달라고 하고 그랬어요. 그런데 요즘에는 옆에 있는 손님한테 그냥 물어봐요. "죄송한데 도와주실 수 있으세요?" 한 번도 "뭐야? 꺼져~" (웃음) 이런 분들 본 적 없습니다. 당황하시기도 하지만 다들 꺼내 주세요. 어려운 일은 아니거든요.

근데 여러분, 제가 그렇게 부탁을 한 이후에 무엇을 발견하는지 아세요? 그 도와주신 분들이 다들 웃고 있다는 사실입니다. 당황해서 그냥 미소를 짓는 것일 수도 있고 아니면 정말 도와주는 것이 기뻐서 웃으실 수도 있는데요, 하나같이 표정이 좋으세요. 저는 그때 이렇게 생각을 하죠. '내가 오늘도 한 명의 비장애인에게 뿌듯함을 선물했다!' 농담이구요. 잠깐 멈추고 주위를 둘러보는 일 그리고 도움이 필요한 사람에게 선뜻 다가가는 일은 도움 받는 사람에게만 좋은 것이 아니라 도움을 행하는 우리에게도 일상의 작은 선물이 됩니다.

너는 늘 도움 받는 입장이니까 그런 거 아니야? 하실 수도 있지만요, 저는 제가 못하는 것을 인정하고 도움을 요청할 용기를 가지니까 취약한 다른 사람을 찾는 눈도 함께 가지게 되었어요. 혼자 하기에 어려운 일들을 맞닥뜨리는 순간, 그리고 도움을 요청할지 말지 망설이는 마음을 아니까 더 흔쾌히 돕게 되더라고요.

특히 한국은 사실 아직까지 바퀴 달린 존재들에게 그

렇게 친절한 환경은 아니기 때문에 굉장히 많이 헤매고 돌아가야 할 때가 있는데요. 여행에서 돌아온 이후부터는 캐리어를 끌고 가는 외국인이나 유아차를 미는 가족들이 더 가깝게 느껴졌어요. 그럴 때는 잠깐 멈춰서 휠체어나 유아차는 이쪽 길로 가면 된다고 설명을 하기도 하고, 제 지하철 카드를 찍어 주면서 출구를 안내하기도 합니다. 지난 번에는 사당역에서 한 시간 가량 환승을 못 하고 있는 아기와 보호자분이 계셔서 실랑이 끝에 엘리베이터를 모두 비우고 환승을 돕기도 했어요. 여러분, 한번 해 보시면 생각보다 손해 받았다는 느낌 들지 않습니다. 내 5분을 써서 다른 사람이 허비할 50분을 줄여 줄 수 있다면 굉장히 기쁜 일일 거예요. 아마 그때 여러분의 표정은 제가 상품을 선반에서 내려달라고 요청했을 때 옆의 손님이 지었던 표정과 비슷할 것입니다.

*

우리는 도움을 받고, 또 도움을 주며 살아가는 존재예요. 평생 어느 한쪽의 입장에만 서 있을 것이라고 확언할 수는 없습니다. 저는 그 두 개를 다, 많이 하는 사람으로서 일상에서 한 번 더 웃고 행복해질 수 있는 두 개의 법칙을 모두 알게 되었습니다. 도움을 받기 위해서는 먼저 나의 취약함을 인정하고 드러내야 합니다. 저는 이건 못하겠습니다. 제가 지금은 이걸 할 만큼 역량이 되지 않습니다. 저는 몸이 불편합니다. 이렇게 인정하는 일은 완벽하고 싶고 실패하고 싶지 않은 나를 옥죄는 것으로부터의 해방이기도 합니다. 못하면 좀 어때요? 도움 받으면 됩니다. 그리고 그렇게 도움 받는 나를 인정하는 순간 도움이 필요한 또 다른 나들을 발견하는 눈이 생깁니다. 그러면 그때는 기쁜 마음으로 한번 도와 보면 됩니다. 내가 기쁘게 도움 받았던 순간이 있기 때문에 그 마음으로 다른 누군가를 돕기도 하죠.

여러분, 우리 함께 마음껏 취약하고 서로 기대면서 살아 봅시다. 도움 많이 받고 많이 주는 사람으로서 말하는데요, 그거 꽤나 괜찮은 삶입니다. 감사합니다.

더 자랄 시간

끝날 것 같지 않던 호주 여행도 끝이 다가오고 있었다. 그 사실을 알리듯 인천공항에서 비행기를 기다리고 있다는 나의 아빠 태균의 메시지가 도착했다. 호주 여행의 마지막 일주일, 함께 여행하고 같이 한국으로 돌아오기로 약속했기 때문이다. 한 달 전의 나는 그 결정에 전적으로 동의했다. 아직 홀로 여행해 본 적 없던 나는 내가 어디까지 할 수 있는 사람인지 잘 몰랐다. 내가 큰 짐을 싸서 혼자 공항까지 갈 수 있을지, 캐리어를 끌 수 있는지 몰라서 아빠가 호주로 와 나를 데려가는 편이 더 좋겠다고 판단했다. 단둘이 대만, 홍콩, 마카오를 여행했던 일이 2023년의 설 연휴 쯤이었으니 딱 1년 만에 다시 아빠와 단둘이 여행하는 셈이다.

아침 일찍 일어나 포티튜드 밸리역으로 마중을 나갔다. 브리즈번에 있는 동안 태균도 벤과 로이의 집에 머물기로 했다. 저 멀리서 배낭을 멘 아빠가 걸어오고 있었다. 한 달하고도 일주일 만에 보는 얼굴이었다. 기분이 새로웠다. 이곳은 이미 내가 잘 아는 곳. 내가 사랑하게 된 사람들이 있는 곳. 마치 가족을 떠나와 독립한 이후 새로운 집을 소개하는 기분이 들어 마음이 벅찼다. 좋아하는 곳을 잔뜩 보여 주고 싶다는 기대감과 부담이 한꺼번에 느껴지면서 가슴이 살짝 조였다.

호주에서 나는 아무것도 하지 않고 공원에 누워 햇빛 만끽하기를 가장 좋아했지만, 이제 막 호주에 도착한 '파워 계획형', 태균은 원하지 않을 일임을 알았다. 내 나름대로 그를 만족시키기 위해 열심히 계획을 짰다. 숙소 근처 새로 생긴 브런치 카페에서 식사하고 택시를 불러 생츄어리로 향했다. 동물원에는 언젠가부터 가지 않기로 마음먹었는데 코알라와 캥거루는 꼭 한 번 만나 보고 싶어 대안으로 선택한 곳이었다.

들판에 캥거루 마흔 마리가 쉬고 있는 풍경은 생경했다. 소동물들이 사는 공간에 동물종을 소개하는 표지판만 있을 뿐 그들의 이동을 가로막는 울타리나 유리 가림막은 없었다. 그래서 다 어디로 갔는지 작은 동물들을 한 마리도 보지 못했다. 그게 좋았다. 이후에는 시내로 돌아와 작은 도시를 한 바퀴 돌았고, 도시를 가로지르는 강가를 산책하다가 야경을 한눈에 볼 수 있는 페리를 탔다. 그리고 멋진 리버 뷰를 가진 그리스식 식당에서 코스 요리를 주문

했다. 글로 쓰는데도 이 하루가 숨이 차다. 헥헥….

그렇게 이틀을 돌아다니니 병이 났다. 호주에 한 달 살며 얻은 가장 큰 지혜가 가만히 시간 보내는 법이었던 나는 금세 관광에 흥미가 떨어졌고, 여유로운 시계를 다시 찾고 싶었다. 브리즈번에서 내가 가장 좋아하는 공간은 누가 뭐래도 벤과 로이의 집이었다. 다음 날 아침, 아빠만 놀러 가라고 손을 휘젓고 잠옷 차림으로 배웅을 했다. 그는 조금 서운해 보였지만 내 마음은 완고했다. 나 오늘은 못 돌아다녀. 강가에서 멍도 때려야 하고 동네 카페에서 커피도 마셔야 하니까. 태균은 마지못해 짐을 챙겨 현관으로 나섰다. 벤이 그 모습을 의아하게 쳐다봤다. 아빠는 그에게 토로했다. "나는 얘를 평생 키웠는데, 얘는 이틀도 나를 못 보살펴 줘."

그렇게 브리즈번에서의 사흘이 지나갔다. 둘과의 진한 배웅을 끝으로 우리는 시드니로 떠났다. 호주를 여유로운 시간의 기쁨을 알려준 나라로 기억하고 싶었는데, 시드니는 너무 붐비고 바쁜 곳이었다. 관광객들과 회사원들이 거리를 마구 오갔으며 차도 너무 많았다. 괜한 반항심이 들었다. 시드니 필수 코스인 오페라 하우스나 하버 브릿지, 본다이 비치는 보고 싶지 않았다. 한 달이 넘는 시간 동안 맞추어 두었던 시계를 그대로 가진 채 이곳을 떠나고 싶었다. 점점 서럽고 어지러운 마음이 드는 나와 다르게 태균은 점점 신이 났다. 그는 시드니 해변을 한 바퀴 돌 기세로 코스를 짜고 한 장소에 도착하면 바로 근처의 더 좋은 장소를 찾아 떠나려고 했다.

그때 나는 호주와의 이별에 압도되어 있었다. 바쁘게 움직이며 흘려보내는 시간이 너무 아까웠다. 세찬 물살에 손을 넣고 뭐든 잡아 보려고 허우적대는 기분이었다. 그래서 결국 태균과 살짝 싸웠다. 숙소에 돌아온 지 얼마 안 되어, 다시 야경을 보러 나가자고 그가 채근했기 때문이다. 나는 퉁명스럽게 침대에 드러누워 움직이지 않았다. 그는 카메라를 챙겨 혼자 거리로 나섰다. 조용한 방, 천장을 보며 눈을 끔뻑였다. 내게 최고의 여행지였던 이곳을 내 방식대로 잘 보내 주고 싶은 마음과 나 때문에 여기까지 온 아빠를 일주일도 재미있게 해 줄 수 없냐는 자괴감이 충돌했다. 그 와중에 엄마에게 아빠 뒷담화를 조금 했더니 그는 '너 때문에 거기까지 갔는데 아빠한테 잘 해라'라고 했다. 둘이 사귀나? 내 편을 안 들어줘서 서럽기도 하고 미안하기도 해 조금 울었다. 물론 같은 시간 태균은 트램을 타고 야경을 실컷 보고 있었다.

뾰족한 마음으로 호주에서의 마지막 아침을 맞았다. 이날은 오전은 함께, 오후는 따로 다니기로 합의했다. 그냥 계속 함께 다니자는 아빠를 뒤로하고 혼자 트램에 올랐다. 양산형 기념품이 어지럽게 섞인 시장에 가서 조잡한 캥거루 인형을 샀다. 인형은 부메랑이며 호주 국기며 오만 것을 다 들고 있었다(심지어 주머니에는 아기도 있었다). 다시 시내에 돌아가 옷 구경을 했다. 절대 입을 것 같지 않은 옷을 골라 탈의실에 들어갔다. 옷은 잘 들어가지도 않았는데 모양이 예뻐서 그냥 하나 샀다. 구글 지도에서 '붐비는 곳'을 아무 곳이나 찍고 돌아다니다 냄새에 홀려 양꼬치 하나를 사 먹었다. 맛있어서 아빠가 생각났다.

시드니 한복판, 마라향이 잔뜩 나는 양꼬치를 질겅질겅 씹으면서 내가 새 사람이 된 것 같다고 생각했다. 홍콩 거리를 잔뜩 긴장한 채로 돌아다니던 세 시간의 기억이 몸 한편에 있었다. 그 시간이 1년 전의 나에게는 턱 끝까지 차올라 숨을 할딱이게 하는 큰일이었다. 아빠의 스케줄대로 움직이고, 아빠가 예약한 숙소에서 자고, 아빠가 끊은 기차표를 들고 줄을 서 있던 내가 까마득히 작아 보였다. 홍콩에서의 나는 여전히 그곳에 남아 있다. 1년이 지나 작은 점이 된 채로. 이제는 아빠랑 같이 다니기 싫어서 우는 내가 시드니에 있다. 태균이 들으면 서운할 이야기지만, 그런 내가 좋았다. 새로운 내가 너무 커져 이제 예전처럼은 그와 함께 다닐 수 없게 된 것이다.

우리는 늦은 오후 다시 만났다. 내가 알아본 레스토랑에서 근사한 마지막 저녁을 먹었다. 나는 태균을 대신해 메뉴를 주문하고 직원과 짧은 대화를 나눈다. 그를 대신해 말할 일은 내 평생 없을 줄 알았다. 그와 와인잔을 짠, 하고 부딪혔다. 태균이 휴대폰 앨범을 열어 나 없이 본 수많은 멋진 풍경들을 보여 준다. 그가 정말 좋았다고 감탄하며 웃어서 미안한 마음을 조금 던다. 그와 다시 여행하면 더 잘하겠다고 다짐했다.

한국으로 돌아갈 때이다. 앞으로 만날 시간에서 어떤 나는 작아지고 어떤 나는 커질까. 지금은 내 몸 전체를 차지하는 어떤 내가 어느 순간에는 믿을 수 없을 만큼 다른 사람처럼 느껴지기도 하겠지. 내가 사랑하는 나의 부분이 희미해지기도, 외면하고픈 어떤 부분이 거대해지기도 하면서. 그 새로운 나는 사랑하는 사람들과 또 어떤 관계를 맺을까. 새롭게 더 자랄 내가 기대되었다. 동시에, 다시는 만나지 못할 이 순간의 내가 그리웠다.

No worrries!

무언가가 좋다고 하면 "네가 아직 뭘 몰라서 그래"라는 말로 입이 막힐 때가 있다. 얼마간은 맞는 말이라고 생각한다. 열렬히 사랑했건만 마약과 성범죄 등으로 팬 걸들의 뒤통수를 친 오빠가 얼마나 많던가. 좋아하던 브랜드가 사실 먼 나라 아동들의 노동력을 착취하고 있음을 안 순간은 또 어떻고. 좋아한다고 말하기 힘든 세상이다. 내가 좋아한 것들이 나를 부끄럽게 할 때가 많아서다. 좋다고 말하기 전에 그것의 뒷이야기와 역사와 모든 상호 작용을 다 알아야 할 것만 같다. 물론 책임감 있는 자세다. 그런데 그렇게 하기란 또 얼마나 힘들고 불가능한 일인지.

그래서 어떤 여행지가 좋다고 말하기 조심스러울 때도 있다. "네가 여기 살아 보지 않아서 그래" "며칠밖에 있어 보지 않아서 그래"라는 목소리가 머릿속을 울리는 것 같다. 하지만 가끔은 여행자로 이곳에 있을 수 있어 다행이라는 생각을 한다. 모든 진실을 알기 전에 무책임하게 이곳을 사랑해 버릴 수 있어서.

그래서, 어설플 것을 알면서도 시원하게 말해 보려고

한다. 호주가 좋았다고. 지금도 언제든 그곳으로 돌아가는 상상을 한다고. 사랑하는 사람들을 데려가 함께 살고 싶다고. 그곳에서 늙어 가는 나를 상상한 적도 있다고. 짧았던 6주간의 생활을 지나 다시 서울에서 평범한 일상을 이어 갈 때도, 혹은 그곳에서 더 멀리 떨어진 이곳 미국의 인디애나에서 살아가는 동안에도 툭 튀어나오는 그때의 기억을 마주한다. 그럴 때면 내가 호주를 얼마나 사랑했는지 알게 된다.

특히 내게 남은 호주 사람들의 말버릇을 발견할수록 그곳이 그리워진다. 특유의 긍정적인 문장이 내 혀에 찰싹 붙어 미국에서도 자꾸만 그때의 단어들을 쓴다. 같은 영어더라도 나라마다 다른 용례가 있음을 이렇게 실감한다. 뜻이야 물론 어느 정도 통하지만 이곳 미국 중서부 마을에서는 잘 쓰지 않는데 나만 쓰는 말들이 있다. 'No worries' 'All good' 'You're alright'가 특히 그렇다. 너스레 떨 듯 긍정적인 말을 툭 내뱉는 호주의 말버릇이 참 좋다.

사실 매일 쓰는 한국어도 찬찬히 뜯어보면 생경하게 느껴질 때가 있지 않나? '안녕하세요'가 그렇다. 만나고 헤어질 때 별 의미 없이 내뱉지만, '안녕'이라는 말에는

'아무 탈이나 걱정이 없이 편안함'[5]이라는 의미가 들어가 있다. 만나고 헤어질 때마다 서로가 편안한지를 묻는 인사라니. 그리 생각하고 안녕, 안녕하세요, 읊조리면 웃음이 난다.

그런 이유로 호주의 말버릇이 마음에 들었다. 걱정 없어, 전부 좋아, 너는 괜찮아(혹은 옳아)라는 말을 숨 쉬듯 쓰는 공간이 좋았다. 나는 필연적으로 이 말을 자주 듣는 사람이었다. 부탁할 일도 사과할 일도 많았기 때문이다. 그럴 때마다 "Sorry!" 하면 상대방은 "You're alright!" "All good!" "No worries!"라고 대답했다. 그곳에서 오래 살아갈수록 나는 문제없고 괜찮은 사람이 되었다.

하루가 아주 일찍, 생생하게 시작된다는 점도 좋았다. 김하나 작가는 《퀸즐랜드 자매로드》에서 호주를 두고 "이곳의 삶은 문 밖에 있다"고 이야기한다. 그 말이 꼭 맞았다. 멜버른에 있을 때는 드넓은 공원으로, 브리즈번에 있을 때는 도시를 가로지르는 강으로, 골드코스트에 잠시 머무를 때는 문 밖의 바다로 자꾸만 뛰쳐나갔다. 휠체어 주머니에는 노트북 대신 비치 타올이 있었고 때때로 이어

폰 없이도 오랜 산책을 했다. 평일과 주말을 가리지 않고 문 밖으로 뛰쳐나가면, 생생한 삶을 사는 사람들이 그곳에 가득했다. 피부가 잔뜩 탄 그들은 서핑 보드를 옆구리에 끼고 걸어가기도 하고, 돗자리도 없이 잔디밭에 누워 서로를 껴안으며 뒹굴대거나 큰 개를 쓰다듬고 있었다. 어설피 그 속에 섞여 아무것도 하지 않고 있자면 생의 충만함이 느껴졌다.

그러니까 나는, 결국 그곳에서의 내가 좋았던 것이다. 호주에서의 사진첩을 다시 열어 보면 활짝 웃고 있는 셀카가 한 무더기 쏟아진다. 호주에서 잘 웃는 법을 배웠다. 어깨든 가슴이든 뭔가 훌라당 드러낸 옷을 입고, 화장기 없는 얼굴에 둥그렇게 호선을 그리며 입꼬리를 말아 올린 나. 그 얼굴이 정말로 편안하고 즐거워 보여서 이 표정을 짓게 만든 나라가 좋다고 말하게 된다. 그곳의 나는 특별하지 않았다. 어디든 갈 수 있고 무엇이든 할 수 있었다. 그렇기에 홀가분하고 자유로웠다.

그곳에서의 시간 동안 달라져 버린 내가 좋아서 그 나라가 좋다. 비슷한 몸을 가진 사람을 만나면 기어코 눈을 맞추고 인사를 하던 나. 모르는 사람과 즐겁게 대화를 하고 연락처까지 주고받던 나. 도움을 청하기를 두려워하지 않는 나. 홍콩의 내가 호주의 나를 만든 것처럼, 호주의 내가 미국에 가기로 결심한 나를 만들었다. 미국에서의 나는 일주일 정도의 여행은 동네 마실처럼 떠난다. 기록을 촘촘하게 쌓아 잘 정리된 하나의 이야기로 만들 수도 있게 되었다. 새로운 제안을 받았을 때 망설이지 않고, 좋아하는 사람에게 마음을 더 잘 표현한다. 그런 내가 참 좋다.

 이제 내가 나를 좋아한다고 어떠한 망설임도 없이 말할 수 있다. 달라진 나를 부끄러워할 일도 없을 것이다.

에필로그

돌아갈 곳이 있다는 것

    2024년의 겨울, 나는 동생과 함께 브리즈번의 밤거리를 미친 듯이 뛰는 중이다. 휠체어에는 내 몸뚱이만한 배낭이 걸려 있고 동생의 손에도 커다란 캐리어가 매달려 있다. 캐리어 바퀴가 드르륵거리는 소리와 휠체어 모터의 기계 소리가 어수선한 포티튜드 밸리 어느 거리를 웅웅 울린다. 지금, 나는 만나고 싶던 누군가에게로 돌아간다.

    지도를 볼 필요도 없이 도착한 아파트 로비에서 숨을 고르며 현관 열쇠를 찾았다. 지금 시간은 오후 8시 30분, 귀가를 서두르기에는 이른 시간이었다. 하지만 꼭 일찍 돌아가야 하는 이유가 있었다. 휠체어 소리를 죽이고 복도를 살금살금 걸어 익숙한 현관 앞에 도착했다. 정확히 열 달 전 내 손에 있었던 열쇠를 열쇠 구멍에 넣고 돌린다.

몇 번을 허우적댄 후에(이전에도 한 번에 문을 열어본 적이 없었다) 철컥 열쇠가 돌아갔다. 벅찬 숨을 합, 들이쉬며 현관문을 활짝 열었다. 눈앞에 펼쳐진 것은 이미 불이 꺼진 어두운 거실. 연말 분위기가 물씬 풍기고 화려한 트리만이 반짝이는, 늘 그렇듯 먼지 한 톨 없는 깨끗한 가정집. 나의 사랑스러운 호스트들, 역시 잔다….

*

모든 것을 즐겨 홀가분한 마음으로 "이제 다 봤다!"라고 말할 수 있는 여행보다, 어딘가 아쉽고 어설퍼서 "다음에 오면 더 잘 할 수 있겠다"라고 말하는 여행이 좋다. 돌아가고 싶은 곳을 남겨 두는 여행이 좋다. 호주는 내게 그런 나라였다. 특히, 벤과 로이가 그리웠다. 그들의 방으로 돌아가 늘어지게 낮잠을 자고 싶었다.

그래서 미국 교환학생을 가기 전 막 수험 생활을 끝낸 동생, 지원과 호주에 가기로 했다. 가장 먼저 떠올린 목적지가 둘의 집이었다. 몰래 방문하기 위해 동생의 계정으로 방을 예약했다. 내가 받았던 것과 비슷한 안내 메시지가 동생에게 와 있었다. 그때부터 나는 감정의 롤러코스터를 탔다. 나만 이렇게 그들에게 의미 부여를 하는 거면 어떡하지. 처음 만났을 때 "오! 오랜만이네?"하고 방으로 들어가 버리면 어떡하지. 시드니와 골드코스트를 여행하면서 하루에도 몇 번씩 "그래도 반가워해 주겠지?"와 "호주 놈들, 하나도 믿을 수 없어!"를 반복하는 나를 보며 지원은 꽤나 질린 표정을 했다.

내가 아는 곳에 가족을 데려간다고 생각하자 또 조급해지기 시작했다. 바쁜 도시 시드니에서는 그 마음이 폭발하여 예쁜 옷을 입고 오페라 하우스며 루나 파크며 맨리 비치를 돌아다녔다. 지난 겨울 그곳들은 가기 싫다고 울던 일이 무색하게 즐거웠다. 동시에 배가 터질 것 같은데도 또 다른 음식을 둘러보는 뷔페에 있는 것처럼 부담스러웠다. 골드코스트에 가서야 내가 이곳에 왜 다시 오고 싶었는지 알았다. 문 밖에서의 삶이 그리웠기 때문이지. 햇살 아래서 활짝 웃는 내가 그리웠기 때문이지.

무엇으로도 가로막히지 않아 탁 트인 해변으로 나섰다. 휠체어 매트를 따라 바다와 꽤 가까운 곳까지 나아갔다. 모래사장 위에 타올을 깔고 앉았다. 지원은 옷을 훌훌 벗고 바다로 들어갔다. 저 멀리서 그가 물속으로 천천히 들어가는 모습이 보였다. 파도가 높이 치면 휘청거리고,

옆 사람과 눈을 마주치며 웃는 지원. 나는 가만히 바라보며 기뻐했다. 한참 물놀이를 하던 그가 허우적허우적 나와 내 옆에 앉았다. 언니, 나 여기 다시 돌아와서 일하고 싶어. 네가 여기 살면 그 핑계로 자주 올 수 있으니 꼭 그러라고 답했다. 우리는 오래도록 함께 바다를 바라보았다.

서프라이즈의 밤이 허무하게 지나가고 아침이 되었다. 바깥에서 달그락 달그락 아침을 준비하는 소리가 들렸다. 동생을 깨워 채근했다. 먼저 나가서 인사를 하고, '시스터'도 함께 왔다고 해. 그럼 내가 깜짝 등장할 테니까! 동생은 귀찮다는 듯 눈을 흘기면서도 밖으로 나갔다. 벤이 동생과 인사를 나누는 소리가 들렸다. 친절하면서도 처음 본 사람을 대하는 조금은 차가운 목소리였다. 언니와 함께 여행 왔어. 그 말을 끝으로 동생이 방문을 열었다. 메리 크리스마스(그날은 크리스마스 3일 전이었다)! 외치며 눈곱도 떼지 못한 내가 방 밖으로 뛰어나왔다.

수백 번의 (혼자 북치고 장구 쳤던) 긴장과 실망이 무색하게, 화려한 잠옷 반바지를 입은 벤이 눈을 휘둥그레 뜨는 모습이 슬로우 모션으로 보였다. 그는 활짝 웃으며 내게 달려왔다. 그 뒤에서 요리하고 있던 로이는 와하하!하고 소리치듯 웃었다. 주말 아침의 부스스한 남자들이 내게 차례로 다가와 포옹했다. 최고의 크리스마스 선물이야. 얼마 전에 네가 언제 또 방문할까 이야기했어. 토라진 마음이 눈 녹듯이 사라졌다. 벤은 우리가 떠나는 전날 아무 일정이 없다면서, 함께 저녁을 먹자고 했다. 밥 나누어 먹기! 내가 그토록 바라던 일이 아닌가.

마지막 밤은 순식간에 찾아왔다. 와인을 한 병 사서 집에 돌아가자 벤과 로이가 막 식사 준비를 마무리하고 있었다. 아기 당근과 양파, 감자를 볶은 요리(이름이 있겠으나 까먹었다), 얇게 저민 햄, 볶은 콩, 로이가 직접 만든 크루통이 한가득 상에 올라왔다. 벤이 우리 접시에 매시드 포테이토를 덜고 그레이비 소스를 뿌려 주었다. 우리가 제일 좋아하는 식사야. 벤이 말했다. 호주 사람들이 크리스마스에 먹는 가정식이라고 했다. 따뜻하고 정갈한 음식들은 정말 맛있었다.

내가 만든 음식을 한 입 먹여 주고 싶어 안달 내던 때도 있었는데, 내 방문을 진심으로 기뻐하는 두 남자가 부지런히 준비한 크리스마스 식사를 나누어 먹게 되었다니. 나는 그들이 해 준 음식을 꼭꼭 씹어 삼키면서 꾹꾹 힘을 주어 말했다. 나 여행에 대한 책을 쓰고 있어. 호주가 정말 좋거든. 너희에 대해서도 쓸 거야. 호주가 좋은 가장 큰 이유는 너희를 만났기 때문이니까. 그렇기 때문에 꼭 써야 해. 벤과 로이가 또 '어\어/' 하는 소리를 낸다.

책을 내면 꼭 보여 달라고, 번역기를 써서라도 직접 읽겠다고 하는 벤의 눈이 붉어지는 것을 봤다.

떠나기 전에는 생각하지 못했던 것이 돌아와 생각하니 두 손 안에, 주머니 속에 한가득 들어있었다. 먼 곳에 새로운 식구食口가 생길 것이라고는 정말 생각하지 못했다. 내게 남는 것 이상으로 나를 기억해 줄 사람들을 만나 기쁘다.

이 글을 마무리하는 지금도 집이 아닌 곳에 있다. 이곳은 미국 인디애나의 외진 마을 먼시. 사실 이제 조금은 다 관두고 진짜 집에 돌아가고 싶다. 할 일이 없는 시골 마을은 지루하고 음식도 지겹다. 김치찌개가 먹고 싶다. 그렇지만 여전히 기대하고 있다. 내가 돌아가서 이곳에 대해 쓴다면, 또 새로운 나를 발견하게 될 거라는 사실을 아니까. 분명 다를 것을 알기에 선명하게 살기 위해 노력한다. 부러 여러 사람에게 찾아가고, 무언가 새로운 일을 시작해 본다. 이곳에도 내 흔적을 남기려 애쓰고 있다.

미국 적응에 힘들어 하는 나를 아는지 벤은 예전보다 자주 메시지를 남겨 둔다. 귀여운 아저씨다.

그곳에서도 행복하지? 나도 네가 정말 보고 싶어[Are you happy there? And I miss you too xoxo]

내 행복을 궁금해하는 사람이 저 먼 곳에 있다. 돌아갈 집이 지구에 여러 곳 있어 행복하다.

의심 없는 마음

첫판 1쇄 펴낸날 2025년 6월 23일

지은이 김지우(구르님)
발행인 조한나
책임편집 박혜인
편집기획 김교석 문해림 김유진 김하영 함초원 조정현
디자인 한승연 성윤정
마케팅 문창운 백윤진 김민영
회계 양여진 김주연

펴낸곳 (주)도서출판 푸른숲
출판등록 2003년 12월 17일 제2003-000032호
주소 서울특별시 마포구 토정로 35-1 2층, 우편번호 04083
전화 02)6392-7871, 2(마케팅부), 02)6392-7873(편집부)
팩스 02)6392-7875
홈페이지 www.prunsoop.co.kr
페이스북 www.facebook.com/prunsoop   **인스타그램** @prunsoop

ⓒ김지우, 2025
ISBN 979-11-7254-062-3 (03810)

* 이 책은 저작권법에 의해 한국 내에서 보호를 받는 저작물이므로
  무단전재와 복제를 금합니다. 이 책 내용의 전부 또는 일부를 사용하려면
  반드시 저작권자와 (주)도서출판 푸른숲의 동의를 받아야 합니다.
* 잘못된 책은 구입하신 서점에서 바꾸어 드립니다.
* 본서의 반품 기한은 2030년 6월 30일까지입니다.